等每一朵花开

一线教师写给父母的家庭教育指导书

牟海霞 ◎ 主编

Waiting for Blossoms

A Family Education Guidebook
Written by the Front-line Teachers to the Parents

中国海洋大学出版社
·青岛·

图书在版编目（CIP）数据

等每一朵花开：一线教师写给父母的家庭教育指导书 / 牟海霞主编. —青岛：中国海洋大学出版社，2022.5

ISBN 978-7-5670-3158-6

Ⅰ.①等… Ⅱ.①牟… Ⅲ.①家庭教育—指南 Ⅳ.①G782.62

中国版本图书馆CIP数据核字（2022）第084702号

出版发行	中国海洋大学出版社
社　　址	青岛市香港东路 23 号　　邮政编码　266071
网　　址	http://pub.ouc.edu.cn
出 版 人	杨立敏
责任编辑	王　晓　　　　　　　电　　话　0532-85901092
电子信箱	oucpublishwx@163.com
印　　制	青岛国彩印刷股份有限公司
版　　次	2022年7月第1版
印　　次	2022年7月第1次印刷
成品尺寸	158 mm × 220 mm
印　　张	17
字　　数	223千
定　　价	68.00元
订购电话	0532-82032573（传真）

发现印装质量问题，请致电0532-58700166，由印刷厂负责调换。

青岛市牟海霞名班主任工作室

编　委　会

  家，是孩子人生的第一所学校。家长在家庭中如何教？怎样养？"人生第一课"要告诉孩子什么？"人生第一粒扣子"怎样才算扣得好？

  我们都承认，教育孩子是一项科学而系统的工作，可又有几位父母真正具有教养子女的"上岗资格证"呢？一线教师在日常工作中，见过太多父母，因为不懂得孩子，使用了违背孩子自身发展规律的教育方法，忽视了孩子的内在需求，压制孩子自然的发展，无意识地给孩子身上加上了种种有形的、无形的枷锁。和万千父母一起教养好孩子、建设好家庭、涵养好家教、培育好家风是本书的初衷。

  想给孩子好的教养，首先父母需要学习如何科学地教养孩子。"赢在起跑线上"早已无法适应现在的教育环境，孩子的教育是一项长跑、一项接力赛，不可能一蹴而就，需要在科学的引导下持之以恒。学校、家庭、社会必须共同来关注孩子，做智慧教师、智慧父母，培育智慧环境，让孩子的内心充满智慧之光，让我们真正帮助孩子的生命成长。

这是一本一线教师写给学生父母的家庭教育指南，这也是一本学校、家庭、社会和谐共育的指导手册。本书从家庭教育的意义、家庭教育的现状与家庭教育的特点出发，针对家庭教育的实际需要，从习惯、品德、学业和情感四个方面立体架构，纵向贯穿；从家庭教育中发生的案例故事，对案例的理论分析、观点提炼、教师支招、深入实践五大环节横向延伸，使家长从正反两方面深入思考，触动情感，更新理念，掌握方法，切实解决好家庭教育中的难题，提高家庭教育的水平。

本书从教育学、心理学、生理学、脑科学等视角出发，结合九位一线班主任教师多年的教育经验与教育智慧，汇总成真实教育案例的讲评、教育观点的提炼和教育策略的拓展实践，展示不同情境下的教育策略和实施方式，将普遍教育和个别教育相结合，理论教育和实践教育相融合，家庭教育、学校教育和社会教育相结合，期望能有效促进家校共育的实施和学生的健康成长。

翻开本书，我们和您一起做孩子理想的父母。您需要鼓起勇气正视自己的教育问题，改变根深蒂固的传统教育观念，放下成人的权威，抛弃对孩子的偏见，接受自己需要与孩子共同学习、成长的现实。通过本书，我们希望您教养子女不再依靠自己的偏好，或者照搬别的父母的"成功经验"，而是学会使用科学的教养知识，助力孩子的成长。

目　录
Contents

I

低年级

习惯 1 挑战极限——孩子总是逾越界限怎么办?

📖 案例故事

　　几乎每年一年级新生入学时,老师总会遇到这样的学生:没来由地撞、打或者踢班里的同学,学生自己并不把这种行为当回事儿。

　　这天天气不是很好,学校通知下课后做室内课间操。在起身互动环节,一位学生并不认真。老师一抬头,竟看见他挥动手臂用力打向同桌,一边比画着一边大声吼道:"不是这么做,是这样……"

　　下课了,大家都排队打水喝。打水的队伍里已经聚集了不少人,这时,这位学生来了,他直接挤进队伍,还把同学狠狠地拉到了一边。同学后退时不小心踩在了后面同学的脚上,就这样,接水队伍因为这位学生的到来引发了一阵小小的"骚乱",可是这位学生看也不看,接完水就走开了。

在课间，男孩子们喜欢在外面跑一跑。老师发现，这位学生玩得好好地，却突然给了前面同学一脚。同学找他理论，他竟边跑边说："你管我！"

类似的事情总是上演。当老师们指出他的问题并进行批评教育时，他总是会很快地答应，甚至当众向被他欺负的同学道歉，但是过不了多久，逾越边界的事情就会再次发生。班里的同学都不喜欢和他一起玩，还有很多家长恳请老师让他离自己的孩子远一点。老师也找过他的家长，他的家长也是很头疼，不知道该怎么管教孩子了，更不知道问题出在哪里。

🎯 理论分析

这位学生身上一系列的问题其实就是没有界限感。界限是有限制的自由。孩子不是天生受规范的，他们需要后天将界限内化为自身的规则意识。亲密的亲子关系要先于界限，婴儿在接触界限之前必须先有安全感。这样，当婴儿学习与父母分离时就不会害怕，只会新奇兴奋。那些与父母有亲密关系的孩子会很自然地设立界限，他们的内心有足够的爱，敢于设立界限与独立。当一个孩子出生时，和母亲是一体的，当他在学会说"不"的时候，其实已经在练习感受界限感。这在孩子成长的道路上是一个非常重要的环节，让他在今后的成长中能坚持自我，对不好的事情说"不"，维护自己的界限。从另一个角度来看，他也要不断地学习遵守别人的界限。如果我们惧怕孩子不快而不敢设限，那他们将来也会在这个有规则的世界里不断碰壁。

在平时的生活中，我们要引导孩子，帮助他们为自己的生活、个性和道德做主。

💡 名家观点

你们的孩子，都不是你们的孩子，

乃是生命为自己所渴望的儿女。

他们是借你们而来，却不是从你们而来，

他们虽和你们同在，却不属于你们。

你们可以给他们以爱，却不可给他们以思想，

因为他们有自己的思想。

你们可以荫庇他们的身体，却不能荫庇他们的灵魂，

因为他们的灵魂，是住在"明日"的宅中，

那是你们在梦中也不能相见的。

——纪伯伦《先知》

🖥 教师支招

有的爷爷奶奶、外公外婆因为"隔辈亲"，就会过多地纵容孩子。孩子不顺心的时候甚至会"打"自己的长辈。长辈"打在身上，疼在心里"，脸上却挂着笑容教育孩子："再打我，我就告诉你爸爸去。"这种"大王式"的管教方式，导致孩子在隔代长辈面前可以为所欲为，也势必会影响孩子面对同龄孩子的态度，如以自我为中心的意识强烈。而真正能够教育孩子的家长因为工作忙碌，缺席孩子的成长教育，甚至在收到隔代长辈的"告状"时也不以为然，因为好长时间不在一起了，也确实舍不得"板起脸来"。

在隔代养育时，还存在孩子没有机会学习同伴间交往的规则的问题。孩子对于什么是分享、什么是谦让不够明确，部分孩子的道德意识薄弱。

在教育孩子的过程中，我们首先要和长辈进行思想上的沟通，指出教养孩子应从事情的性质看问题，不能由着孩子任性，该宽容的时候需要宽容，该严格的时候就要严格，区分宠与爱的关系。

其次，无论自己的工作多么繁忙，我们都要密切关注孩子的生活，不能全盘交给长辈。在家庭教育中，家长是孩子的第一任老师。孩子的模仿能力强，家长的一言一行都会潜移默化地影响孩子的思想。"棍棒下教养"和"集万千宠爱教养"都不是科学地教育孩子的方式。这会导致孩子在与同伴相处的过程中，没有界限感或者以自我为中心。在教育孩子的过程中，我们应该尝试多用说理的方式和孩子沟通，多点鼓励，多些沟通，让孩子在民主的氛围中健康成长。

我们也可以经常给孩子读绘本，用故事中的道理告诉孩子学会友好相处，使孩子明白同伴间相处要懂得谦让。我们也可以每天找孩子谈心，肯定他积极向上的心态，否定他不正确的处理方式，并教他放弃用攻击的行为解决问题，学会用语言解决问题。

看如今的孩子，从他的言行上就能分辨其家庭养育环境。

开头的例子其实是个典型案例，透露出家庭的教养方式的关键作用。尤其是新入学的孩子，出现的种种问题大致上都和家庭教养方式有关。家长在教育过程中一定要慎重，当看见孩子出现问题而不能很快改正时，不能姑息或者严厉指责。每个孩子或多或少都会出现问题，我们需要仔细观察孩子的行为，找准解决问题的切入口。学校和家庭同步开展教育，以说理为主，用积极的鼓励帮助孩子慢慢改正错误。问题不可怕，可怕的是找不到解决方法。

当孩子的行为导致他必须面对现实的结果，比如痛苦、失去金钱，他才会有真正的改变。给孩子自由，容许他做选择，然后照那个选择去处理后果。我们的目标不是要控制孩子，父母需要对"让孩子受苦"这件事放轻松些。生气、内疚、羞愧并不能教导孩子做得更好，而失去看电影的权利、失去金钱或玩电脑的时间所带来的痛苦，可能会教导他学得更好。

亲 子 游 戏

游戏名称：对对碰

游戏目的：通过游戏让孩子明白合作、沟通的重要性。善于与别人合作、沟通，事情会变得顺利。与人为善也是对自己最大的帮助。

游戏过程：所有家庭成员围坐在一起，空着一把座椅。音乐响起，坐在空椅左右的两个人要立刻拉一个人坐到空椅上。被带走的人空出新的座椅，左右两边的人继续拉人，以此类推。音乐结束，还在走的人算输。

游戏要点：在游戏过程中，父母尽量去拉孩子身边的人，让孩子的左右出现空位。这样，孩子会有危机意识，会主动解决问题，同时在解决问题的过程中体会到与同伴合作的重要性，意识到应该与身边的亲人、同学和老师好好相处。

习惯 2　杂乱无章——如何增强"小迷糊"的自理能力?

📖 案例故事

最近,有一位妈妈很头疼。刚刚上一年级的女儿在学校总是丢三落四,这不,电话又来了。

"妈妈,我忘带语文书了,快给我送过来呀!"

"妈妈,昨晚的朗读单哪儿去了,我的书包里没有。"

"妈妈,我的体温表好像又没带,快给我送吧……"

妈妈也经常给老师打电话。

"老师您好,孩子没带水杯,您帮忙拿一下吧。"

"老师,孩子的美术用品忘带了,我放在传达室了,麻烦有空拿一下……"

没多久,学校进行生活技能大赛,老师给这位妈妈发送了录制的视频。妈妈发现，别的小朋友都会系鞋带了，可自己的孩子连穿衣服都很慢。这可急坏了她。

不仅如此，妈妈在孩子上学前精心给孩子准备橡皮、铅笔，可孩子每天都要丢一些。妈妈几乎需要天天准备新铅笔、新橡皮。上了一年级，妈妈说很焦虑，任课老师纷纷给自己打电话，让她在家里好好培养孩子的自理能力。

◎ 理论分析

生活自理是一个人应该具备的最基本的生活技能。生活自理能力的形成有助于培养孩子的责任感、自信心以及自己处理问题的能力，对其今后的生活也会产生深远的影响。

小学低年级是孩子生活自理能力和良好生活习惯初步养成的关键期。每个孩子除了需要具备较好的思想文化素质和创造力外，还要有一定的生存能力和独立生活本领。我们需要通过多渠道提高低年级孩子的生活自理能力，让孩子在力所能及的自理活动中，获得自理技能，熟练技巧，形成服务自己、帮助别人的意识，从而为其他方面的独立能力打下良好的基础。

从某种角度上说，家庭生活是由一系列家务劳动组成的。学生参加家务劳动既可以习得劳动知识，掌握劳动技能，提高自理能力，又可以经历劳动过程，体验劳动的艰辛，体恤父母，更可以培养一份家庭责任感，增强家庭小主人的意识和担当。总体来说，就是让孩子明白并实践"自己的事情自己做"，比如洗衣服、叠被子、整理房间；"家里的事情争着做"，比如打扫卫生、清洗碗筷、垃圾分类；"父母的事情帮着做"，比如做菜做饭、养花种菜、照顾老人。

这些事能使孩子管好自己、对自己负责，服务家庭、对家庭负责，进而服务他人、承担应有的社会责任。家务劳动体现的是义务和尽责。

但在日常生活中，个别家长缺乏这方面的教育意识，认为孩子还小，还不懂事，把孩子的一切事情都包办下来。其实，家长应该这样做：凡是孩子能做的事情，家长一律不帮孩子做，或者帮孩子做一半，剩下一半请孩子自己做。家长是孩子的第一任老师，一定要培养和训练孩子的自理能力。

当然，孩子自理能力的培养是一个漫长的过程。孩子还小，只要他自己能做，我们就尽量给他创造锻炼的机会，在此基础上，言传身教，耐心细致，从而更好地完成对孩子生活自理能力的培养。

名家观点

凡是儿童自己能做的，应当让他自己做。

——陈鹤琴《活教育的教学原则》

解放儿童的双手，使之能干。

——陶行知《创造的儿童教育》

教师支招

对于喝水、盥洗、吃饭、如厕、穿衣服、脱衣服、整理文具、餐前准备等生活中基本的技能，家长应该让孩子在每天的活动中练习，合理利用有限的时间和机会，让孩子学会为自己服务，感受独立的乐趣。

家长包办代替的现象很多，很多时候孩子"衣来伸手，饭来张口"。为了真正地让孩子养成自理习惯，首先，家长应该清楚，小学低年级是孩子在生活自理能力和良好生活习惯养成的关键期。我们应抓住这个时期，让孩子做一些力所能及的简单劳动，培养其生活自理能力和良好生活习惯，形成自我服务、热爱劳动的意识。

其次，家长应该给孩子提供各种各样的锻炼机会，在生活中有计划地安排孩子参加力所能及的自我服务活动和劳动，如吃饭、穿衣、整理物品，本着"自己的事自己做，不会的事学着做"的原则，为孩子提供练习的机会。

再次，也可以经常和有经验的家长交流分享育儿经，了解这个年龄阶段的孩子一般都在做什么，做到心中有数。

在对孩子进行生活自理能力培养时，为了增强孩子自我服务的意识，要注意和重视对孩子的鼓励和表扬。例如，孩子正在学习叠被子，家长不失时机地赞赏："今天你自己叠被子了，真能干。来，让妈妈瞧瞧！嗯，不错，如果这个地方再整理一下就更好了。"孩子独立做事的兴趣和信心会越来越强，久而久之，自理能力也会变强。

具体形象思维是小学低年级学生的主要思维特征。为了把孩子的被动学习变成生动、有趣、直观、形象的主动学习，我们还可以把生活自理技能设计成有趣的情景故事、朗朗上口的儿歌，让孩子在看看、说说中理解相关内容，从而掌握动作技能。例如，很多低年级孩子不能独立地扫地，扫过之后还留下不少垃圾。这时，家长可以通过简短、通俗的儿歌来提高幼儿的兴趣。学穿衣（扣扣子、拉拉锁）时，可以利用儿歌"抓领子，盖房子。小老鼠出洞子。吱扭吱扭上房子"，让孩子边念儿歌边穿衣服，这样很快就能掌握相关的技能。

游戏是低年级学生喜欢而且必不可少的活动形式。我们可以在游戏中巩固孩子的生活自理能力。例如，角色游戏"给小猪洗脸""给布娃娃扣纽扣""整理娃娃家"，让孩子在游戏中学会洗脸、穿衣、整理玩具等基本技能，然后再帮助孩子将相关技能迁移到实际生活中。

亲 子 游 戏

游戏名称：穿针引线

游戏目的：通过游戏培养孩子的时间意识以及自理能力。

游戏过程：父母与孩子进行穿针引线的比赛，率先穿完针的人可以到图片所画的位置，将衣服给布娃娃穿上。率先完成任务的人算胜利，可获得奖励。

游戏要点：在游戏过程中，父母要告诉孩子抓紧时间，培养孩子的时间意识，同时引导孩子做好规划，在合适的时间里做合适的事情。在给布娃娃穿衣服的过程中，要不断地鼓励孩子，以此来锻炼孩子的自理能力。

习 惯 3 蜗牛散步——孩子总是磨蹭怎么办？

案例故事

最近一位妈妈遇到一个难题：女儿吃饭太慢；早上时间宝贵，要上学了，女儿一会儿上个厕所，一会儿忘带文具，磨磨蹭蹭，怎么催也快不起来。在家里，妈妈让女儿练一会儿字。女儿一手拿着笔写，写完了就擦，擦完了再写，写完了又擦；妈妈让女儿干点什么，可女儿总是说"知道了"，却迟迟不见行动……

于是就有了妈妈口中的"别人家的孩子"：

"你看跟你同班的小文，他多听话，做事情很快就做完了，还能帮妈妈做家务……"

"你看隔壁小天，吃饭吃得好，球也打得好，身体壮壮的，从不生病，你倒好，吃一点点饭，还那么磨蹭，身体还总生病，唉……"

"你能不能快点？妈妈要迟到了！你们班老师都在群里发小朋友朗读的视频了！"

妈妈的心中产生了疑问："为什么我的孩子不能像别人的孩子那样做事快点呢？"

终于有一天，女儿说："妈妈，你能不能不要再说快点、快点啦，我要吐了！"

理论分析

妈妈对女儿"磨蹭"的苛责，是因为女儿的时间观念差，做事情缺乏紧迫感。孩子的时间概念比较模糊。一般而言，孩子并不知道如果他把一件事尽快做完之后会有什么更好的结果，他也不认为自己慢有什么不好的。例如，家长知道，自己上班和孩子上学都不能迟到，而孩子则不然，爸爸妈妈上班和自己上学晚了，对他们来讲都无所谓。他想的大都是眼前的事情，这些都是由孩子的生理特点和心理特征决定的。

还有一些家长对孩子的事情包办，也造就了孩子的"磨蹭"：嫌孩子吃饭慢，妈妈就喂孩子；嫌孩子洗脸耽误时间，妈妈就帮孩子洗；嫌孩子整理书包的时间太长，妈妈就天天帮孩子整理。殊不知，这样时间长了，孩子会渐渐养成更加磨蹭的习惯，他的惰性会越来越强，他的依赖性也会越来越大，因为孩子知道，吃饭、穿衣、洗漱、整理等，无论怎么做都可以，反正爸爸、妈妈会来帮自己的。

💡 名家观点

习惯养得好，终身受其福；习惯养得不好，则终身受其害。

——陈鹤亭

🖥 教师支招

对待"磨蹭"的孩子，家长一定不能硬来，要注意方式方法。

让孩子自己与自己比赛。家长可以设计一张时间表，记录孩子做某件事的最初时间，然后每天记录完成时间。几天总结一次，有进步便给予表扬和奖励，没进步要帮助孩子找出原因。家长也可以与孩子比赛。在孩子做作业时，家长也找一件事做，并与孩子比赛，看看谁做得快。家长要让孩子知道做快点有什么好处，如停止催促、坚持表扬。孩子做事情"磨蹭"的时候，很多家长不断地催促，结果越催促，孩子的动作越慢，导致家长更生气。那么，换一种思路呢？孩子做某件事情的时候速度快，就表扬。刚开始可以给孩子出几道简单的题，给一分钟或两分钟，孩子会很快做好，家长要作大吃一惊状呼道："还不到一分钟呢！"要随时观察孩子在生活中的表现，对孩子做得快的事情立即表扬："现在穿衣服快多了！""现在收拾书包快多了。"不要忽视这些话的分量。注意，千万不要说成："现在收拾书包快多了，如果写作业也这样快就好了。"只表扬，不提孩子做得不足的地方。表扬会激发孩子快的动力。

要讲规则。孩子早上不起床，怎么叫都不起，这时你会怎么做？

错误的做法是家长情绪失控地说："你怎么还不起？要迟到了！"然后家长手忙脚乱地给孩子找衣服、穿衣服。结果是下次场景重现。

正确做法是什么呢？家长可以平静地说："孩子，我就叫你一次，如果你不起，就会迟到，挨批评。这是你自己的事，你自己处理好。"孩子没及时起床，没吃早饭，还迟到了。这样的结果是，下次家长一叫，孩子可能马上就会起床。

另外，父母要慢慢教会孩子先做什么，后做什么，但这只能"治标"。要真正"治本"，让孩子做事有条理的话，还得在生活上和学习上全方位要求孩子，慢慢地从各方面放手，让孩子自己学着照顾自己，自己安排好生活和学习。父母不要太勤快，忍不住帮孩子去做，要学着做"懒父母"，甚至可以让孩子适当帮父母做家务，这样孩子就会慢慢变得能干起来，条理性也会越来越好。心理学上有一个100%理论，意思是，世界上许多事情都遵循100%理论，如果所有事都被家长做了，孩子就不用做了。如果家长不做20%的事，孩子就能完成20%；如果家长不做80%的事，孩子就能做80%。如果父母帮孩子把事情全做了，孩子的成长机会实际上就被父母剥夺了，其潜力就一点也发挥不出来了。当然，孩子在做事的过程中，父母可以适当指导做事的顺序和条理。

亲 子 游 戏

游戏名称：谁的飞机多

游戏目的：通过游戏增强孩子的时间意识以及时间管理能力。

游戏过程：设定一个起点和一个终点。父母和孩子在起点叠纸飞机，在10分钟内飞过终点的纸飞机数量多者获胜，可获得奖励。

游戏要点： 在游戏过程中，父母应该不断地提醒孩子剩余时间，不断地告诉孩子自己的飞过终点的纸飞机数量，不断地强化孩子对时间的危机意识，让孩子明白时间的宝贵。告诉孩子，自己叠一个纸飞机需要多长时间，强化孩子对时间的管理意识。

习惯 4 搭建"彩虹桥"——"双减"来了,家长如何应对幼小衔接?

📖 案例故事

一年级的孩子要报到了。孩子背着大大的书包,东张西望地看着校园和校园里新鲜的面孔。第一天,老师便在班级群里不断地强调各种规矩和章程,以帮助学生和家长能顺利地走过幼小衔接的关键阶段。一年级是建立秩序感的黄金期。孩子刚刚结束幼儿园的半学半玩生活,接触小学有计划、有规律的系统性的学习生活,需要调节自己的行为。规则意识的培养,不仅有助于他们适应校园生活,顺利完成小学生的角色转变,还有利于孩子个体的健康成长。

第一天正式上学,小爱和小凡就迟到了。两个孩子根本没有意识到这是迟到,只是等待着老师让他们快点进来坐下。里面的同学们早已在老师的帮助下,在大声朗课文了。大家看到他们俩站在门口,就都停了下来，看着老师，仿佛在看老师怎么办。见此情景，老师觉得这两个孩子毕竟是第一次迟到，不能当着全班同学的面处理，就让全班同学继续往下读。老师拉着两个迟到的孩子的手，轻轻地问他们："你们两个怎么来得这么晚？"还没等老师多说两句，小爱就哭了起来，说自己起晚了。而旁边的小凡，有点懵地看着小爱。老师赶紧抱了一下小爱，告诉她，没关系，迟到一次不要紧，知道自己起晚了，下次起早一点就不会迟到了。老师摸了摸她的头，问："记住了吗？"小爱用力地点了点头。老师又看了看小凡。小凡马上说："我也是起晚了才迟到的，以后不这样了。"老师立刻对他竖起了大拇指，并告诉他们俩，要看看他们明天的表现。

上课的时候，老师特意给孩子们讲了《上学的一天》。调皮捣蛋的大卫迟到，上课不专心，总是看窗外，课堂上大呼小叫，把课桌画得乱七八糟……孩子们睁大眼睛，仔细地聆听着故事，通过一个个有趣的故事情境，明白了"上课不能迟到，发言要先举手"等小学生日常规范。老师把一系列的校园生活规则，通过"大卫"这个有趣的人物无痕地传递给孩子们。

第二天一早，老师进教室不久，就发现小爱和小凡前后脚地到了班级门口，"报告！"他们俩几乎齐声喊道。老师赶紧当着孩子们的面表扬了他们。

🎯 理论分析

"双减"政策下，很多家长以为现在的低年级全是"减法"，事实上并不如此。低年级孩子如何在"双减"政策下，顺利地度过"幼升小"阶段呢？得培养孩子的"规则意识"。低年级尤其是一年级的学生缺乏规则意识，一个突出表现就是对规则了解得不多，对意义理解得不深刻。每一个看似细小的规则中其实往往蕴含着丰富的道德要素。比如，小爱和小凡的迟到可能就是因为起晚了，不知道上学不迟到是小学生需要遵守的规则。刚步入小学的孩子在知识、生活经验缺乏的情况下，对规则文化的内涵、价值和意义的理解难免有失偏颇，从而导致他们对规则缺乏自觉遵守的意愿。另外，当前学校的行为规范、校纪、班规往往都是从成人思维的角度制定的，如"不能在楼道里追赶打闹"等许多禁止性规定，没有考虑孩子的立场和感受。他们往往只是被动的执行者。这样的规则导致部分孩子对规则的认同感不强，因此在行为上表现为屡屡有"违规"现象。

小学低年级学生自制力差、意志薄弱，在遵守规则的过程中易于动摇，往往会出现"知规则却不守规则"的现象。"上下楼梯，慢步右行"，这个简单的规则对一年级孩子来说是浅显易懂的，孩子们能清晰表达，也知道它的意义。但在现实中，少有孩子会坚持做到，很多孩子往往会因为贪图一时之便、一己之便而漠视规则，出现不守规则的行为。类似这样的事例不胜枚举，他们在课堂上讲起来头头是道，但在生活中知行脱节，根本原因在于他们对规则的认识仅停留在对概念的熟知，而没有贯彻到自己的实际行动当中去。

名家观点

成功的家教造就成功的孩子，失败的家教造就失败的孩子。

——泰曼·约翰逊

教师支招

"双减"政策下，家长应注重对孩子的良好习惯的培养，帮助孩子迅速适应小学生活。很多家长反映，孩子在家里的表现和在学校的表现有天壤之别，这不仅体现在学习方面，还体现在行为上。很多在学校遵守规则的孩子，出了校门就放任自己的行为。其主要原因是家庭和学校对孩子在规则方面的要求不一致。这导致孩子在不同的人面前有不同的行为表现。现在的孩子大都是祖辈、父辈两代人"含在嘴里"养大的，"80后""90后"的家长更追求自由、张扬个性，还家长单方面强调学习，对孩子的规则要求放松。家长应该重视幼小衔接阶段的教育，但又不要过于重视，要掌握好尺度。

对低年级学生来说，"规则"是抽象又模糊的概念，理解起来较为困难，因此家长在给孩子讲解规则的时候，不能只是说教，要让抽象的规则通过多元的形式形象地展现出来，并让他们了然于心。

优秀绘本往往集趣味性与教育性于一体，家长可以借助与主题相关的绘本等，把抽象的规则通过一个个精彩生动、引人入胜的故事去传递，唤起孩子心中的规则意识。

游戏是低年级孩子的重要生活方式。在日常生活中，家长也可以通过陪伴孩子玩一些小游戏，充分激发孩子的兴趣和积极性，引导其在快乐的游戏中学规则、守规则、用规则。

富有趣味性的歌曲、童谣易于理解和记忆，对孩子来说喜闻乐见。因此，家长平时在家里也可以将一些规则以童谣的形式教给孩子，用儿童化的语言代替生硬的规则文字，有利于孩子树立规则意识。

只有源于孩子真实生活的规则体验、认知与感悟，才能强化孩子的规则认知，让孩子有所悟、有所得。因此，家长如果要培养孩子"不要践踏草坪，要爱护小树"等规则意识，可以多让孩子参加学校或一些社会机构联手组织的种草、种树，认领并给小树命名等活动，不断加以实践，让孩子感受到劳动的艰辛与生命的可贵，从而更好地树立起"爱护花草树木"的规则意识。

社会生活中的热点事件对少年儿童的道德的影响不可避免，家长可以以此为教育契机，引导孩子正确认识和解读社会事件，形成道德判断能力。例如，结合近几年接二连三发生的老虎伤人事件，将其作为规则教育的反面材料，和孩子讨论，并明确与动物相处应该注意的事项和规则，同时培养孩子的道德判断能力。

在规则意识的培养中，成人的表现是一本鲜活的"教科书"。其身正，不令而行，其身不正，虽令不从。因此，家长要时时处处以身作则，身体力行，当好孩子的"领路人"，在潜移默化中影响孩子，培养其良好的规则意识。

规则一旦形成，就如同签订契约一样，要不折不扣地加以执行，否则规则就如同一纸空文。要培养孩子的规则意识，首先一定要注意对"第一次"的防范与教育。侥幸是规则培养的"敌人"，许多不遵守规则的行为都是从"第一次"开始的，如第一次迟到、第一次闯红灯……我们往往会以"这次算了，以后注意"敷衍了之。这种教育会让规则意识的培养效果大打折扣，因此要抓好"第一次"的防范与教育。孩子遵守规则时要鼓励、表扬，对违反规则的不良后果必须及时纠正。家庭和学校也要拧成一股绳，形成规则教育的强大合力，及时、全面地对孩子的规则的践行情况进行评价。

亲子游戏

游戏名称：跳方格

游戏目的：通过游戏培养孩子的规则意识，帮孩子养成守规则的好习惯。

游戏过程：在一个宽阔的地方，画上尽量多一些的方格。游戏开始，孩子单脚站在起点，手中拿着两个苹果。父母下达命令，如"往左跳两格，往后跳三格"。如果孩子跳错，就扣一个苹果，两个苹果被扣完以后还出现错误就要做10个仰卧起坐，直至跳出终点。

游戏要点：在游戏过程中，父母尽量发出一些不同的指令，当孩子出现错误时要马上进行惩罚。如果孩子的苹果被扣完，要做仰卧起坐，父母要严格执行，给孩子养成遵守规则的好习惯。

品德 1 "独吞独霸"——如何正确引导孩子分享?

📖 案例故事

　　最近一次家长会后，一位妈妈焦虑地告诉老师，最近孩子越来越霸道。一天下班，她买了女儿最爱吃的零食，高兴地说："我闺女最喜欢吃这香喷喷的好吃的了，快吃吧!""太好吃了，你真是我的好妈妈!"女儿一边吃一边说道。这时爸爸进来，随手拿起盘子里食物。女儿立刻夺了回来，喊道："不行，这是我的，妈妈买给我吃的，不许你吃!"爸爸气呼呼地把食物扔到盘子里。"小的时候，别的小朋友来家玩，她都把自己的玩具藏起来。我一直认为是怕别人弄坏了，可现在怎么还是这样啊!"妈妈生气地讲。

🎯 理论分析

这位妈妈讲的问题，其实在很多孩子身上都不同程度地存在。现在的很多孩子都是独生子女，集万千宠爱于一身，爸爸、妈妈宠他们，爷爷、奶奶宠他们，要什么有什么，而孩子也渐渐地习惯了这种方式。认为所有好看的、好玩的、好吃的东西都是自己的，根本就没有学会如何跟他人分享。

但是人需要懂得分享才能更加快乐，你分享你的玩具，别人也会将自己的玩具分享给你；你分享你的美食，别人也会将自己的好吃的东西分享给你。

在分享这方面，很多家长都在教孩子学会分享，但是有些家长有时候只是一味地让孩子把自己的玩具给别人玩，跟孩子说"一定要跟别人一起玩你的玩具"，而并没有去尊重孩子，更没有让孩子自己来选择。在孩子的潜意识里，这是自己的玩具，自己有权对它做出决定。

所以，家长在教孩子学会分享的同时，需要尊重孩子。如果孩子不愿意将自己的东西分享给其他人，那么家长就不要强迫孩子。家长可以询问原因，告诉孩子把自己喜欢的东西分享给好朋友时，好朋友是很快乐的。这样，孩子也许就知道分享的重要性了，也会想要把快乐分享给自己的好朋友。

💡 名家观点

乐人之乐，人亦乐其乐；忧人之忧，人亦忧其忧。

——白居易《辩兴亡之由策》

教师支招

首先，家长要和自己的孩子交朋友，而且是知心朋友。想教育好孩子就要先做孩子的朋友，彼此了解，相互信任，有了愉悦愿意分享，有了心事愿意倾诉，有了困难相互帮助。家长只有多和孩子交流、沟通，让孩子信任自己，自己才能真正了解自己的孩子，才知道自己的孩子当前需要什么，自己该怎么做，才能更好地帮助和教导孩子。同时，家长也是孩子的外援，当孩子需要帮助的时候，家长应该施以援手。切记，并不是所有的事情都需要家长施以援手的。对孩子力所能及的事情就没必要再慷慨施援，因为这样做不再是帮助孩子，而是害孩子，因为这不利于孩子的长远发展。

其次，家长要做好榜样，教会孩子分享与合作。家长要向孩子介绍分享的快乐和意义，给孩子做好示范。家长可以在孩子面前有意无意地将自己的东西分享给周围的人，当周围的人因为这份分享而快乐的时候，孩子是看在眼里的；家长也可以将自己喜欢、孩子也喜欢的东西分享给孩子，然后询问孩子得到分享的东西开不开心。其实，孩子的学习能力是很强的，他可以感受到被分享的快乐。所以，当孩子与家长分享时，家长要接受孩子的分享，并且说出自己的感谢，孩子也会感到快乐。

需要注意的是，在教会孩子分享的过程中，家长不要有攀比的心理，不要拿孩子跟别人比。在孩子分享之后，家长需要多鼓励孩子，夸一夸孩子，说："你好棒！宝贝！"

懂得分享是快乐的，教会孩子分享也是快乐的，就让每一个孩子都快乐、开心地长大吧！

亲 子 游 戏

游戏名称：积木"花园"

游戏目的：通过不同积木拥有者之间的相互分享和合作，搭建一个完整的积木"花园"。此过程可以让孩子获得分享的满足感和愉悦感。

游戏过程：父母和孩子分别选择自己所要用的积木，各自搭建"花园"。在这个过程中，父母可以进行合作，向孩子展示分享、合作可以搭建更好看的"花园"，以此来吸引孩子合作，搭建"花园"。

游戏要点：在搭建积木过程中，父母要主动交流，然后进行分享、合作。在父母合作的过程中，要不断称赞合作的作品，吸引孩子的注意力。父母中的一方也可以主动提出和孩子合作，在与孩子合作的过程中表扬孩子的创意。这个游戏可以让孩子懂得分享的快乐，明白分享、合作可以达到共赢。

品德
2

今天我是您——如何教会孩子换位思考?

案例故事

案例一:一位妈妈说:"我女儿很聪慧,但学习不用功。为了让她学习用功,我下班后,都先给她做一顿营养、可口的饭菜,然后陪她做作业,辅导她的功课。为此,我放弃了很多聚会、娱乐、休息以及自己学习深造的机会,但女儿对我的付出从来都不知道感激。为了给女儿买到她想要的衣服,我花了好几个钟头去挑选。我买回来后她不满意,穿都不愿意穿,还冲我发脾气。如果有什么好吃的,孩子也从来没想过给我们尝一点。"

案例二:另一位妈妈说:"我们几乎把所有的爱都给儿子了。我没有上班，天天照顾儿子。他很活泼，也很可爱，成绩在班上也还可以。可以说，孩子还是比较让人省心的。但就是有一点，我很头痛，他在家比较冷漠，很自私，尤其是不孝顺父母，亲情观念很淡薄，对爷爷、奶奶也是大呼小叫的。爷爷奶奶和我们住在一起，就他一个孙子。怎样才能让孩子孝敬长辈？这个问题让我伤透了脑筋。"

🎯 理论分析

在我国，教育孩子学会感恩有两种理念。一种体现在我国的传统教导中，"养儿防老"的观念一直被很多父母所认同。他们认为，父母现在为子女付出，将来子女感激父母、回报父母是毫无疑问、天经地义的。另外一种则体现在当今父母的新观念中，"养儿"并不指望"防老"。很多父母认为，家庭经济条件好，老了也不需要子女来养，只要子女过得好。一位老校长说，中国历来就是一个讲求"孝道"的国家，这里的"孝道"包含"感恩"之意。其实，无论何种理念，都要让孩子懂得感恩，但不能以强迫的方式达成目标。要让孩子知道，"家庭中不仅仅只是父母对你付出，你也要学会向父母付出"。感恩是一个人基本的素质，是孩子情商教育的重要内容。

很多孩子缺乏感恩之心，不懂得体谅父母，主要原因有以下几个。

第一，现在的孩子大多属于独生子女，集万千宠爱于一身，再加上人们的生活水平逐渐提高，父母比较重视对孩子的培养，也有物质基础来满足孩子的要求，所以，对孩子有求必应，将其呵护得无微不至，打理好几乎所有的事情。正是父母毫无原则的溺爱，让孩子对父母给予的一切都习以为常。孩子们获得的爱太多、太容易，自然不懂得珍惜。

第二，感恩之情不是与生俱来的，需要在后天的家庭和学校教育中培养而成。可是，在"应试教育"的环境中，评价学生的方式更多的是看学习成绩。很多时候，孩子的品德、个性培养被忽略。这种片面的价值观和培养方式这也是孩子感恩心理缺失的原因之一。

第三，现今社会有一种崇尚功利、实用、个性的文化潮流。在人与人的交往中，"实用"和"功利"成为衡量标准，这对传统的"滴水之恩，当涌泉相报"的感恩文化形成一定的冲击，导致社会文化中对感恩的自然遗忘，最终导致感恩教育明显缺失和滞后。

案例一的孩子之所以不知道感恩父母，是因为父母对孩子百依百顺，自己不吃，让孩子吃；自己不穿，让孩子穿。这反而让孩子觉得父母这么做是理所应当的。案例二的孩子之所以对亲情冷漠，主要是长辈们在抚养子女时，没有对孩子进行尊敬长辈的教育，没有使孩子从小形成尊敬长辈的意识。此外，父母是孩子的第一任老师，对孩子的成长至关重要。家长就是孩子的参照物，他们的一言一行都被孩子看在眼里。因此，父母怎样对长辈，孩子就会怎样对长辈。关爱今天的老人就是关爱明天的自己。自己对父母好，孩子自然就会形成尊敬长辈、孝顺长辈的意识。

💡 名家观点

我们每个人都是平等的，你只有用爱来交换爱，用信任来交换信任。

——马克思

教师支招

感恩来自心理的满足，来自对人、对事的宽容和理解，来自一种回报他人和社会的良好心态。感恩能够促进相互信任、相互理解、相互尊重，有利于良好的人际关系的建立，使人有积极的人生观，有健康的心态。为了让孩子懂得感恩，并不断体验和感悟到在感恩中成长的快乐和收获，父母需要从以下方面努力。

1.爱孩子要"有所为，有所不为"，不包揽所有事情

年纪较小的孩子确实需要大人照料，但父母不能包办代替。如果父母对孩子的保护过多，那么孩子就会渐渐习惯父母的包办代替，就会认为这一切理所当然，会习惯于坐享其成。久而久之，孩子就很难感谢父母对他们所做的一切。解决的办法是，当父母教会孩子一种家务时，父母就应该让孩子承担起这种家务。例如，五六岁的孩子学会了穿鞋子，父母就应尽量让他自己穿，不要包办；让孩子做力所能及的家务。

2.理性地满足孩子的要求

对于孩子提出的要求，父母应先思考一下是否合理，如果不合理，则坚决拒绝，并且要告诉孩子为什么不合理，给孩子一些经受挫折的机会。不要"想星星就一定给他星星，想月亮就一定给他月亮"，应该让孩子自己去争取需要的东西。当孩子通过努力获得所需要的东西的时候，他才会知道在父母的爱和保护下是幸福的。父母也不要预先对孩子承诺太多。有些父母总想给孩子提供最好的生活条件，面面俱到。时间长了，孩子会觉得这一切来得很容易，甚至认为他本来就应该拥有，于是也不懂得珍惜。

3. 让孩子学会分享

一开始孩子给父母东西，父母会说不要，久而久之，会让孩子觉得他吃好东西、拥有好东西是理所应当的。如果孩子习惯了被给予，只知道索取，便很难在以后的生活中考虑别人的感受。一个不懂得分享的人将来很难成为一个有爱心的人。每次给孩子吃东西时，应该当着孩子的面，自己也分一份吃，为的是让孩子明白一个道理：吃东西要先让父母吃，在幼小的心灵中埋下"谦让"的种子。

4. 让孩子从父母身上学习

如果家长在家庭中处于既是父母、又是子女的情形，就更要注意在孩子面前的形象，随时注意自己的一言一行。家长是怎样对待孩子的爷爷、奶奶的，孩子是会模仿家长的行为的。身教比言传的影响更大。如果家中有老人，有好吃的要先给老人吃，逢年过节给老人送礼物。如果老人离得较远，应该经常给老人打电话。要让孩子看到父母不仅对自己有爱，对长辈也有爱。

很多人都在电视上看到这样一则广告：一位刚下班的年轻妈妈，忙完了家务，又端水给老人洗脚。老人对她说："孩子，歇会儿吧！别累坏了身子。"她笑笑说："妈，不累。"年轻妈妈的言行举止被儿子看到了。儿子一声不响地端来一盆水。年幼的儿子吃力地端着那盆水，摇摇晃晃地向妈妈走来。盆里的水溅了出来，溅了孩子一身，可孩子仍是一脸的灿烂，把水放在母亲的脚下，为母亲洗起了脚。这就是身教的力量。

5. 欣然接受孩子的"给予"

当孩子想要帮助父母做事情的时候，父母一定不要说"不用你管，你把书读好就行了"。这样会挫伤孩子的积极性。父母最大的责任不是让孩子学会读书，而是让他学习做人，这是他能好好读书、把书读好的基础。孩子懂得付出、懂得回报，才会懂得珍惜、懂得体谅。如果孩子送了父母礼物，不管礼物多么粗拙，家长都要欣然接受，并对孩子表示感谢，有时候还可以把孩子的礼物展示给亲戚朋友看，让孩子知道父母收到自己的礼物是多么欣慰。

6. 常与孩子叙旧

随着时光的推移，孩子常把父母的养育淡忘，而父母毫无怨言，很少计较报酬和指望报答，这样会导致孩子面对养育之恩"受之无愧"。在孩子懂事之后，父母可以以叙旧的形式，把自己为孩子呕心沥血的一些往事，讲给孩子听，潜移默化地将其烙在孩子的记忆中。千万不要把这些事当作"口头禅"，这样会适得其反。

其实值得感恩的不仅仅是父母，对师长、亲朋、同学、社会等都应该抱有感恩之心。我们要让孩子树立感恩意识、自立意识，常怀感恩之心，更重要的是让孩子把爱作为动力之源，更加懂得父母、回报他人、回报社会，让"感恩之花"盛开在每个孩子心间。他们的人生之路才会真正快乐。

亲 子 游 戏

游戏名称：角色互换游戏

游戏目的：通过孩子与父母之间的角色互换，让孩子明白父母对自己的付出，激发孩子对父母的感恩之心。

游戏过程：设定一个医院情境，由爸爸扮演医生，孩子扮演妈妈，妈妈扮演孩子。现在，妈妈扮演的"孩子"生病了，需要去医院看病，由孩子扮演的"妈妈"带着"孩子"去医院看病。

游戏要点：妈妈要尽力模仿孩子生病时的样子，尤其可以模仿孩子生病时的"无理"要求，通过不断对孩子扮演的"妈妈"提出要求，直至"妈妈"不耐烦为止。这个过程可以让孩子换位思考，体会父母对自己的付出，理解父母的不容易，激发孩子的感恩之心。

品 德 3 "偷"爆粗口——孩子嘴里冒出脏话怎么办?

📖 案例故事

　　小鑫最近交了个新朋友小萌。小萌个子不高,但很机灵,认识第一天就来小鑫家里玩了。玩了一会儿,小鑫就告在屋里看书的妈妈小萌说脏话。妈妈问说什么脏话了,孩子就学着说了一声。妈妈心里有点不高兴,但也没说什么。等那小萌走了,妈妈告诉小鑫不要学她。小鑫满口答应了。过了几天,妈妈和小鑫去超市买东西,路上看见一个骑自行车的逆行。小鑫张口就冒出一句脏话。妈妈的脸一下子就变了,又一次警告:"如果再让我听到,你就不要让小萌来咱家了,以后不要和她交往了。"小鑫觉得很羞愧,跟妈妈道了歉。

🎯 理论分析

这个案例讲的是环境影响导致儿童说脏话的情形。环境主要包括学校、家庭、社会等。蒙台梭利教育经典语录中有一句是这样说的：儿童是一个细心的观察者，他特别容易被成人的行为所吸引进而模仿。孩子接触的第一任老师就是自己的亲生父母，等上学了接触的是小伙伴，他模仿的对象就扩大了。其影响有好也有坏，现在我们讨论它的负面影响。

孩子上小学以后，对是非已有了初步的判断。所以，这时对孩子的言行要求要严格一些。在学校里，有说脏话的和不说脏话的孩子，但相互之间的关系非常复杂。有的孩子原来不说脏话，但为了合群，就有可能被迫效仿。有的孩子觉得好玩，不用强迫就学会了，而且乐此不疲。说脏话是一种不文明的行为，它直接影响到人与人之间的交往。这种不文明的行为发生在孩子身上，不外乎以下几种情况。

1. 学着说脏话

很多低年级的孩子没有是非观念，听到别的孩子说脏话，他们也跟着说脏话，这是孩子学脏话的一种普通心理。父母要分清孩子是跟谁学的，然后进行有针对性的教育。

2. 孩子的好奇心作怪

孩子好奇心强，习惯模仿。孩子偶尔听见别人说一句脏话，并不知道这句话的意思，就跟着学了。有的父母觉得挺好玩，而故意引逗孩子或哄然大笑，这样会强化他的这种行为。父母应该告诉他："这句话是骂人的话，不好听，宝宝不学。"这样才可能把不文明的言语消灭在萌芽状态中。

3. 习惯骂人

对这样的孩子，家长应采用严厉的语调、严肃的教导来对待，这会帮助孩子明辨是非，抑制、减少他的不良行为，从而建立良好的行为规范。

4. 父母不良口头禅的影响

有的父母有不良口头禅，孩子受其影响，也学会了说脏话。这样的父母首先要提高自己的修养，严于律己，为孩子营造文明、礼貌的语言环境。如果父母偶尔再犯，那么就应该坦诚地跟孩子检讨："刚才是由于不高兴，说出了那句话，我们是不对的，你也不要学，今后我们谁都不说这种话了。"

5. 社会不良言行的影响

孩子生活在社会中，难免受到各种不良言行的影响。父母对此要采取一些防范措施，例如，尽量让孩子避免接触周围不良的语言环境，让他们听不见脏话，学不到脏话。

💡 名家观点

要留心，即使当你独自一人时，也不要说坏话或做坏事，而要学得在你自己面前比在别人面前更知耻。

——德谟克利特《著作残篇》

礼义廉耻，国之四维，四维不张，国乃灭亡。

——《管子》

🖥 教师支招

孩子都有过或多或少的无礼行为。父母该如何有效地引导孩子呢？当孩子表现出无礼，甚至令人恼怒的行为时，哪些事情该做？哪些应该摒弃？

1. 针对每件事情个别处理

孩子有时会无情、无礼地对待父母，其目的极可能是在表达自己的负面情绪以及遇到的挫折。他们可能翻白眼、顶嘴、不屑一顾，甚至刺激父母。在这种情况下，父母很难保持平和的心态，给予有效的回应。然而，如果单纯地就事论事，先让情绪发泄出来，对事不对人，个别问题个别对待，也许就没有那么困难。

2. 说别人坏话

为人父母，有太多的机会通过行动告诉孩子：自己如何处理骄躁、消极、有压力的情绪。如果父母待人无礼、粗鲁，那么当孩子也有类似的表现时，大可不必感到意外。

孩子时刻观察并模仿父母的一言一行。即便父母对某个朋友不太待见，也应该相互尊重，并且从正面教育孩子，遇到这类情况如何处理。

3. 偏袒孩子

如果孩子对别人出现无礼的行为，而父母一味地站在孩子这边，例如，当孩子抱怨老师布置了太多的家庭作业，直呼老师的姓名，甚至贬低老师，倘若这时父母同意孩子的观点，那无疑等同于告诉他们：如果你认为某人做错了，就有权对对方不礼貌。

而事实是，应该让孩子知道，我们都会经历与别人意见相左的情况，如果换位思考，自己有怎样的感受？教会孩子掌握平和、恰当、有技巧的方式处理异议才是重中之重。

4. 强制性尊重

如果父母对孩子说："我是你爸／你妈，你必须尊重我！"尽管父母的这种想法没错，但在提出这种要求的同时，可曾考虑到孩子的感受？在这一刻，父母有没有尊重他？不要试图强迫孩子，而要有效地激发他们的情感表达欲。

5. 家长可以做些什么呢？

家长应决定对孩子的哪项具体行为重点关注、对哪些选择忽略。孩子表现出的一些相对轻度的刺激性行为并非完全针对家长，而是他们宣泄情绪的途径。家长应该客观地帮助孩子处理这一切。当然，这并不意味着家长完全不生气，而是尽可能在摒除主观情绪的前提下，与孩子形成有效的互动。

（1）言传身教

家长要成为孩子的榜样。模仿是低年级学生加强品格培养的一个重要途径。家长是孩子的第一任老师，礼貌是与人沟通应有的态度，态度的好与坏都会给人留下深刻的印象。在这方面，主要应该做好两点：一是家长要率先垂范，给孩子做出榜样，让孩子在耳濡目染中受到有礼貌的教育与培养；二是从生活细节入手，教孩子养成礼貌的习惯。例如，教孩子早上醒来和爸爸、妈妈说"早上好"，爸爸、妈妈上班时说"再见"，吃饭的时候先让长辈吃，然后自己再吃。带孩子外出或走访亲友时，教孩子见人要有礼貌地打招呼，等等。另外，要让孩子明白，衣着整洁，举止斯文，注意倾听别人讲话，去小朋友家轻声敲门，尊敬父母和师长等，也都是对人有礼貌的表现。做什么事都要认真。认真的品格是生活和教育过程中形成与培养起来的，它的形成方式主要依靠简单的重复和有意识的练习，因此不可能一蹴而就。

（2）培养孩子的社会公德心

教育孩子爱护公物，遵守公共秩序，不随手扔垃圾，在公交车上主动给老人和孕妇让座。每次出去玩，可以事先准备好垃圾袋，将垃圾随身带走，集中扔到垃圾箱。让孩子学会主动分类扔垃圾；在公园里不采摘花草，不践踏草坪。看到有游客不文明的行为，引导孩子，问问孩子那样做好不好，对不对。

（3）引导孩子学会做客和待客的礼貌习惯

外出做客前，给孩子立好规矩，讲好注意事项，并问孩子能不能遵守，如果能遵守就去，如果不能就取消。比如，去朋友家做客，第一，进门换鞋；第二，要主动问好；第三，不大声说话，不吵闹；第四，大人说话的时候不要插话；第五，不随便动别人的东西；第六，对别人允许玩的玩具，玩完时要归位；第七，离开时一一说再见；第八，轻轻地随手关门。事后，会对孩子做客的表现做总结，并适时地表扬和肯定孩子能遵守约定。家里来了客人，引导孩子主动问候客人，带着小客人安全地做游戏。

（4）培养孩子良好的行为——待人接物

孩子能否做到文明礼貌，重要的是看他如何待人接物。家长应从一件件小事上培养孩子良好的行为习惯。比如，告诉孩子到别人家要先敲门，得到主人允许后再进入；客人来时应起身主动迎接，让座、倒茶；长辈之间交谈时不要随便插嘴，长辈问话时要热情、诚恳地回答；要爱护公共卫生，不随地吐痰、乱扔废物，不损坏公共设施，要遵守公共秩序。家长还要教育孩子对待老、弱、病、残、孕等行动不便的人，要尊重和帮助，给他们指路，帮他们拿东西。当孩子做了好事回家时，家长要以喜悦的表情对孩子的行为报以赞许，可以这样说："你长大了，真是好样的。"培养孩子文明礼貌的习惯，家长也应有良好的文明礼貌习惯。一个满口脏话的家长，想要自己的孩子语言文明是不太可能的；一个经常占集体便宜的家长，想要自己的孩子关心他人、帮助别人也是很难想象的。因此，家长应严格要求自己，坚决彻底地改掉自己不文明的习惯。

亲 子 游 戏

游戏名称：我是谁

游戏目的：通过孩子与父母对彼此模仿的影视人物进行点评，使孩子明白盲目从众是不可取的，只有真正符合主流的文化才是值得学习的。

游戏过程：父母准备一些人物卡片。进行抽签，自己抽到的人物自己不知道，只有别人才能看到。互相猜对方表演的人物是谁。

游戏要点：在表演的过程中，父母尽量表现出孩子所抽到人物的"丑态"，让孩子知道自己抽到的人物在别人眼中是什么样子的，明白自己以前所模仿的是不文明，盲目从众是不可取的，让孩子慢慢树立正确的文明观。

4 品德 和冷漠说再见——如何让孩子懂得"赠人玫瑰，手有余香"？

案例故事

妈妈经常带儿子去吃牛肉面。每次吃面前，妈妈都会将自己碗里的肉夹给儿子，看着儿子大口吃肉的样子，似乎比自己吃了还满足。这天，两人又来吃面，不同的是，今天妈妈没有当着儿子的面把肉夹给他，而是在领餐处就先夹好了，再将面端到儿子面前。儿子不肯吃，盯着妈妈的碗，皱了皱眉头说："妈妈，你今天怎么没把牛肉给我。"妈妈和他解释，儿子却大发雷霆："你骗人！你肯定把肉藏起来了！"他一边嚷嚷着一边用筷子使劲在妈妈的碗里找肉，气急败坏之下竟把妈妈的面全打翻了，还嚷嚷着没两份肉就不吃。

妈妈听了立马急了，心疼地说："不吃怎么行，会饿肚子的，妈妈再给你买一碗。"这整个过程都被面店老板和其他顾客看在眼里，正当妈妈开口说要买面时，老板却冷冷地说："不好意思，我的面不卖给你们。"妈妈只得再回去哄儿子吃面，哪知道孩子一气之下，把面全掀翻了，气呼呼地走了。过了一会儿，孩子爸爸来了，带着孩子买了三碗面，把所有的肉都夹到孩子的碗里，然后专门叫来店主，警告他说："我买的面，我想怎么吃就怎么吃，现在我们还不想吃你的面了！"说完他就甩下钱，带着儿子大摇大摆地走了。店主本想通过不卖面给妈妈，让她明白溺爱孩子是不对的，却招来这样的侮辱。

🎯 理论分析

妈妈对儿子过分溺爱，导致儿子自私霸道、目中无人……久而久之，但凡家长对他们有半点不顺，孩子便恶言相向，甚至大打出手。

现在许多家长都把孩子当成宝，家里有什么好的，都先给孩子。这看似是爱，其实是害。溺爱之下长大的孩子，在家认为父母为自己做的一切都是理所当然的，不懂得何为孝；出门则继续以自我为中心，认为其他人也应该事事以他为先。所谓的宽容、礼貌更无从谈起。这一切都是孩子的错吗？当我们在抱怨别人家孩子体贴、懂事，自家孩子霸道、自私时，是否应想想，孩子从懵懂无知到变身为"霸王"并非一日之功。"感恩之心"是被爱出来的，"受之无愧"却是被溺爱出来的。当我们习惯了奉献，孩子就习惯了索取，忘记了感恩。是我们的事事包办剥夺了孩子学会付出与感恩的机会。

💡 名家观点

爱人者，人恒爱之；敬人者，人恒敬之。

——《孟子》

教师支招

家教决定孩子的出息，门风决定孩子的教养。中国向来高度重视家教和门风，历史上那些伟大人物，无不得益于此。可是，现如今大多数家庭中，孩子可谓"位高权重"。

全家人都围着一个"小霸王"转，孩子时时刻刻扮演着被爱的角色，要什么家长都会千方百计地满足他们。久而久之，很多孩子认为从家长那里得到东西是理所当然的，从而只知道索取，不知道回报，不会想着去关心别人和感激他人，更不会明白"赠人玫瑰，手有余香"的道理。

父母总希望给孩子最好的东西，须知最好的东西就是良好的教养和优秀的品格，而拥有一颗感恩的心也会让他获益良多……

1. 与其围着孩子转，不如高质量地陪伴

在日常生活中，父母应时刻创造条件，启发孩子学会用感激、感恩的心态去面对父母的付出，比如，让孩子知道父母为自己做事后要说"谢谢"等。通过这些小事、小的情绪让孩子熟悉这种感恩的状态，并最终知道如何表示自己的感恩。感恩之心是心灵成长的营养剂。通过感恩教育，孩子知道每个人都在享受着别人付出给自己带来的快乐。当孩子感受到他人的善意时，就想到今后自己也应该这样做。这就给孩子一种行为上的暗示，使他们从小知道爱别人、帮助别人。

2. 满足孩子要有度

要制定界限，不能无条件地满足孩子的要求。"能够心情愉悦的另一个前提，是孩子能承受生活中那些不可避免的挫折和失望。"儿童精神病科医生托马斯博士告诉我们，"只有当孩子明白了一个道理，

即能获得某种东西并不取决于他的欲望,而是取决于他的能力,他才能得到内心的充实、快乐"。孩子越早明白这个道理,他的痛苦就越少。一定不要总在第一时间满足孩子的愿望。正确的做法是拖延一些。比如,孩子饿了,可以让他等上几分钟。不要屈从于孩子的所有要求。拒绝孩子一些要求会有助于他获得精神上的平静。在家庭中接受这种"不如意的现实"的训练,孩子会有足够的心理承受能力来面对将来生活中的挫折。

3. 强调所得到的东西,懂得爱

强化孩子的认识:"我拥有很多,我现有的东西很珍贵。"我们要让孩子知道,亲人们对他的好不是应该的,不是必须的,这个世界上没有谁欠谁的。亲人们给他爱,他必须懂得感恩,这个世界上没有坐享其成。孩子必须明白父母给他的是爱。

4. 懂得尊重他人

不管父母是什么身份,不管周围的人是什么身份,要让孩子懂得尊重他人,没有身份区别。爸爸的朋友、妈妈的同事、爸爸的司机、学校门口的门卫等,这些和他没有血缘关系的人帮助他,他必须心存感激。寻找、积累、强化那些美好的、积极的事物,是给孩子生活的最甜蜜礼物。

亲 子 游 戏

游戏名称:有多少"的""地""得"

游戏目的:通过分工合作,寻找报纸上"的""地""得"的数量,让孩子明白合作的重要性。合作是取得成功的有利条件,只有及时且充分地合作,才能在规定时间里达到理想状态。

游戏过程：将家庭成员平均分为两组，分别分发三份一样的报纸。在 3 分钟里，将自己在报纸上看到的"的""地""得"剪裁下来并贴到空白纸上。时间结束，贴出的字数最多的一组获胜，并可以获得相应的奖励。

游戏要点：在合作过程中，要注意与孩子的沟通交流，告诉孩子在合作中应该如何分工，并鼓励孩子将自己的想法表达出来，听取并采纳孩子的建议。合作结束之后，告诉孩子好的合作可以产生"1＋1＞2"的效果，鼓励孩子在生活中多与别人合作。

学业 1 快餐阅读 VS 细嚼慢咽——孩子沉迷于电子产品怎么办？

📖 案例故事

学校的下课铃声响起，孩子们欢呼雀跃，一天的学校生活结束了。而 8 岁的欢欢更是欣喜若狂。原来，就在前不久，妈妈带他拍抖音小视频，欢欢被里面图文并茂的片段深深吸引，每天都念念不忘。

一回到家，欢欢马上拿起手机，刷起各种搞笑段子，玩得不亦乐乎。爸爸下班后，发现欢欢又没有完成作业，而这时候妈妈已经准备好可口的饭菜："欢欢，快来吃饭。"欢欢不情愿地答道："知道了。"几分钟过去了，欢欢还是没有动静，妈妈急了，来到书桌旁："你完成作业没有，就在这玩手机？""我一会儿就写，这还早着呢，我玩一会儿。"妈妈气急败坏，夺过手机生气地说："快去吃饭！"欢欢撇了撇嘴，转头就走向客厅。

晚上，妈妈语重心长地和欢欢说："宝贝，你这本书已经尘封好久了，再不读一读，书本要伤心了。"话音刚落，欢欢立刻打开书准备阅读，妈妈一脸欣慰，放心地走了。不一会儿，欢欢就听到客厅里此起彼伏的笑声，再看一看自己的书本，更是烦躁不已，无心阅读。欢欢又偷偷拿起手机开始自己的"快餐阅读"。

久而久之，欢欢更加迷恋手机了，周末到了，妈妈想带欢欢出去散散心："欢欢，你想去哪儿玩啊？""我不想去，就想在家待着。"欢欢抱着手机敷衍地回答妈妈。妈妈夺过手机怒吼道："一天天就知道玩手机，从今天开始手机没收了。"欢欢一听，号啕大哭："我就要手机，我就要手机……"半小时过去了，欢欢还在抽泣。妈妈心疼不已，本想安抚他，欢欢却说："你是坏妈妈，我再也不喜欢你了！"妈妈听到后更加伤心了。

🎯 理论分析

妈妈将孩子带入手机的世界，又没有及时陪伴与制止，导致欢欢沉迷于电子产品而无法自拔。这样的"快餐阅读"无疑影响孩子的身心健康，具体表现为破坏神经系统，影响生长发育，影响思维模式，加深与父母之间的隔阂，容易受骗、盲目攀比。

育儿专家李玫瑾教授曾经说过："一个沉迷于电子产品的孩子的背后，肯定有沉迷于电子产品，很少陪伴孩子或者在孩子哭闹的时候拿电子产品哄孩子的父母。很多孩子沉迷于电子产品并非仅仅是因为孩子的自制能力差。"

一些家长下班后回到家里，孩子缠人，而家长又没有多余的精力照顾孩子时，就会把手机拿给孩子玩，因为这样能让自己休息一会儿；或者当家长在忙家务没空照顾孩子时，为了能安心做自己的事情，就拿手机让孩子保持安静。这样做的后果无疑会促成孩子迷恋手机的行为，还潜移默化地暗示孩子："爸爸、妈妈没空陪我时，手机可以作为我的玩伴。"要知道，手机是机器，没有情感，没办法代替家长的爱，反而会带给孩子伤害。孩子哭闹着要玩家长的手机时，家长有权决定给还是不给，如果考虑好了，就应该坚决地做出抉择，哪些情况下可以给孩子适当玩手机，哪些情况下不能让他玩，必须慎重。此外，也不应用玩手机游戏来作为孩子完成作业的奖励。

💡 名家观点

人不读书，则尘俗生其间，照镜则面目可憎，对人则语言无味。

——梁实秋《漫谈读书》

🖥 教师支招

第一，父母要给孩子树立好的榜样。父母是孩子的第一任教师，也是孩子的终身教师。在小学低年级，父母的榜样作用无疑是最好的教育。案例中"妈妈带着欢欢拍抖音视频""客厅里此起彼伏的笑声"表现了父母沉浸在玩手机的乐趣中，欢欢则受其影响愈发迷恋手机。因此，若想让孩子不迷恋电子产品，父母要以身作则，尽量少在孩子面前玩手机、打游戏、看电视剧等。

第二，要给予孩子充足的爱和陪伴。和谐的亲子关系是建立在充足的爱和陪伴的基础之上的。孩子迷恋电子产品，部分原因是无聊，产生孤独感，而有趣的动画片、新奇的网络游戏都在"诱惑"他们。

于是，他们借助这些电子产品获得心灵补偿，久而久之，电子产品就代替了父母成为孩子"最好"的伙伴。倘若父母有更多的时间陪伴孩子进行阅读、做游戏、去游乐场等家庭团体活动，孩子每天被爱包围，则不会感到生活无趣，就没有时间过多地关注电子产品。

第三，细嚼慢咽——让孩子爱上读书。一般情况下，我们建议，一年级孩子每天阅读15分钟左右即可，二年级孩子每天阅读20至25分钟。当然这也不是绝对的，要根据孩子的具体情况而定。信息时代，"快餐式阅读"逐渐取代阅读本身，精神上逐渐"沙化"，很难做到真正的思考。低年级是建立良好阅读习惯的时期，要让孩子从一开始对阅读产生兴趣，家长可以试着先进行亲子阅读，主动与孩子分享故事中的内容，后期逐步放手，让孩子渐渐爱上阅读。这样孩子就不会对各种电子产品痴迷。

第四，允许孩子玩，但要合理安排时间，玩之前必须完成自己的事。父母要告诉孩子，玩手机是给孩子放松的，放松前要完成自己的任务。比如，需要完成作业，收拾好自己的学习用品，或者帮妈妈做完家务后再玩。同时，也要事先和孩子商量好玩手机的时间。例如，每周末写完作业可以玩手机半小时，时间一到必须放下手机，做自己的事，否则以后别再想玩。为控制好时间，家长可以给孩子定好闹钟，闹钟一响，自动上交手机。

亲 子 游 戏

游戏名称：你的奖励

游戏目的：通过游戏培养孩子的延迟满足感，以此来培养孩子自律的习惯。

游戏过程：父母与孩子沟通，了解孩子最近想要的事物或者想要做的事情，并将这些事物制作成卡片。然后，父母给孩子布置背诵古诗（可以是一首也可以是多首）的任务，根据孩子的情况规定时间，只要孩子在规定时间内完成任务就可以获得一次抽取卡片的机会。

游戏要点：如果孩子在规定时间内没有完成背诵任务，那游戏就重新开始，直到孩子可以在规定时间内完成背诵任务为止。当孩子抽取奖励之后，父母应该尽力完成卡片上的事情，以此来培养孩子的延迟满足感。同时，父母要引导孩子培养自律的好习惯，告诉孩子只有自律地完成任务才能获得自己想要的事物。

学业 2 开学综合征——孩子不爱上学怎么办？

📖 案例故事

一位妈妈最近很是烦恼，她刚上一年级的女儿每次上学都要哭哭啼啼。

清晨，芳芳妈妈拉开窗帘，温暖的阳光洒落到芳芳身上。妈妈趴在芳芳耳旁，轻声说道："芳芳，起床了。""妈妈，我再睡一会儿好吗？"

"再睡一会儿上学就要迟到了，宝贝。"妈妈一边说一边给芳芳掀开被子。一听到上学，芳芳大哭起来："我不想去上学，我不要上学。"尽管如此，妈妈还是耐心地与芳芳沟通。

折腾一番后，好不容易到达学校门口，芳芳死活不下车："妈妈，我肚子疼，我今天能不去上学吗？"妈妈马上识破芳芳的小心思，严厉地说道："好，那我带你去医院，等我们扎完针再回来上学。"芳芳边哭边撒娇："我现在不疼了，我就是不想去上学，上学一点也不好玩，上课太无聊了，老师都很严厉。我想在家里看动画片。"妈妈一脸无奈，但依然微笑地和芳芳说："宝贝，你已经是一名小学生了，不能只想着玩，你看你的同龄人他们都背着书包去学习知识……"在妈妈的再三劝说下，芳芳终于起身，面带泪花、磨磨蹭蹭地走向校园。

"十一"假期后每天早上都是如此，已持续半月有余。妈妈因此头疼不已。

🎯 理论分析

孩子不愿上学，父母首先需要弄清楚孩子不愿上学的原因，才能对症下药。有的孩子是因为初入小学校门就感受到了学习的压力，除了学校里的任务，父母给孩子报了各种兴趣班，使孩子每天沉浸在无休止的学习中，不能像在幼儿园一样自在，就会产生上学哭闹的现象；有的孩子因为和同学之间出现小摩擦，不愿意去学校；有的孩子是因为外界诱惑太大，平时自由懒散习惯了，到学校后受到多方约束，心里不自在。正确的归因有利于问题的解决，因此，父母在接收到孩子不愿上学的信号时要先弄清楚其原因。

据了解，芳芳"十一"假期玩得很开心，对比上学后受到的束缚，她就比较抗拒，这是假期的"后遗症"。芳芳怕苦、怕累、怕管束，觉得学习是一件很苦、很累、很乏味的事情，因此她宁愿回家看动画片也不愿意去学校交朋友，这是逃避学习的一种方式。

名家观点

所谓好教育，就是把孩子放在心上的教育。

——李镇西《返璞归真说教育》

教师支招

第一，接纳不想上学的孩子，先处理孩子的情绪，再谈解决的办法。当孩子表现出不想上学的意愿或想法时，说明他对学校有一些不愉快的感受。这时候，家长不要急于对孩子说学校的好、上学的好处，因为孩子的情绪处于不良的状态，这样的沟通对孩子来说是无效的。相反，如果父母能够和孩子共情，接纳孩子的坏情绪，孩子将对父母提出的办法更容易接受。比如，妈妈可以对孩子说："你不喜欢上学，是因为学校让你不快乐，对吗？妈妈非常理解你！"妈妈说完后就可以陪伴孩子一会儿，如果孩子的情绪有了平复，愿意说出原因，妈妈就耐心倾听。倘若孩子不愿意说，可以试着问孩子："等你愿意说的时候告诉妈妈好吗？"这样商量的语气更有利于孩子恢复稳定的情绪。

待孩子的情绪稳定后，要和孩子一起探讨其所担忧的是什么，为什么会担忧。在这个过程中，让孩子去思考：如果他所害怕的事情真的发生了，最坏的结果出现了，是否真的有那么可怕？身边是不是有人也遭遇过此类事件？他们都是怎么做的呢？如果真的发生了，以后就再也无法上学了吗？一步一步消除孩子的恐惧心理，让孩子从容地面对，最终也会主动放下了。

第二，改善环境，建立融洽的同学关系、师生关系。当孩子出现不愿去上学的情况后，父母要及时与其班主任联系，进行家校沟通，为孩子营造一个重学、乐学的氛围，让孩子对上学充满期待。

第三，父母要主动与孩子交流在校情况，对于孩子在校受表扬、有进步的地方，多加赞赏；比如"今天老师表扬你了，这件事你做得真好""这个题你做对了，恭喜你今天又学到新知识了"；对于孩子分享的不愉快的事情，家长要及时地进行疏导，不要让孩子产生焦虑情绪。

亲 子 游 戏

游戏名称：我的硬币跑得远

游戏目的：游戏可以缓解孩子的焦虑情绪，建立和谐、融洽的氛围，让孩子能积极地与父母沟通，以此更好地促进亲子关系。

游戏过程：父母与孩子分别从高处投出一枚硬币，按照远近程度决定先后顺序。先开始的人，要用自己的硬币去击打附近的硬币。击中得1分，可继续击打。如不能击中，就把自己的硬币放在原地，由另一人击打。直到所有硬币被击中，得分高者获胜。

游戏要点：在游戏过程中，父母要表现得和孩子一样认真，要与孩子像朋友一样多交流。当孩子硬币击中父母的硬币的时候，父母要发出"你真厉害"的赞叹。

时间管理大师——"双减"政策下如何增强孩子的时间观念?

📖 **案例故事**

周五的晚上,爸爸、妈妈卸掉一身疲惫,孩子结束一周的课程,家里温馨而又和谐。

八点一刻,妈妈提醒亮亮:"宝贝,该洗漱睡觉了。"10分钟过去了。亮亮无动于衷。

妈妈催促:"快去睡觉。""我再玩2分钟。"亮亮央求道。

又一个10分钟过去了,亮亮仍然毫无动静。妈妈顿时火冒三丈:"再不去洗漱,这些玩具全给你没收。"在妈妈的威严下,亮亮只好收拾起"宝物"。

客厅内钟表响着一顿一顿的"嘀嗒"声,时间在一分一秒地流逝。卫生间内只听见哗哗的水流声。妈妈进去一看,亮亮的牙刷一动不动地躺在原地，水池中全是他玩水后的痕迹。妈妈深吸一口气，对他一番教育后亲自看着他洗漱。

一顿折腾，亮亮上床已经 9∶15 了。不仅如此，妈妈今天还接到了李老师的电话，只有亮亮没有当堂完成课上学习的内容，上课时亮亮小动作太多，写作业也是边写边玩，导致完不成每天的课堂任务。想到这儿，妈妈更是一脸愁容。

🎯 理论分析

亮亮做事情磨磨蹭蹭，简单而又粗暴的催促对他来说似乎毫无作用，下一次同样会磨蹭。这主要是因为亮亮正处在认知发展的前运算阶段，对于抽象的时间没有概念。

前运算阶段是儿童心理学家皮亚杰提出的儿童认知发展的第二阶段。在这一阶段中，孩子的心理具有以下几个特征：第一，万物有灵论，孩子认为所有的事物都是有灵性的，是有生命的；第二，以自我为中心，孩子只会从自己的立场和观点去考虑事情，认为自己做的是对的，而不能顾及他人的感受；第三，思维具有不可逆性，主要是说孩子不能进行抽象的思维运算，可以借助具体的实物来支撑理解。这一阶段的孩子是在运用符号表征事物，能在脑中形成事物的形象。比如说到"香蕉"，孩子脑中就会出现香蕉的样子。这个时候孩子认知时间主要依靠钟表。

而亮亮目前正处于这一阶段，5 分钟、10 分钟等在他眼里都是数字，而并没有特别的意义。但如果通过具体可视的物件让他知道 5 分钟、10 分钟是多久，他就会逐渐建立起时间观念。因此，在这一阶段，亮亮的主要目标不是培养时间管理的能力，而是借助实物培养时间观念。

名家观点

平庸的人关心怎样耗费时间，有才能的人竭力利用时间。

——叔本华

教师支招

"双减"政策下，孩子的作业量减少，那么，撇开学习，要想培养孩子的时间观念，应该从哪些方面抓起呢？

首先，让孩子去认识时间，有时间意识。家里配有表、计时器、闹钟、沙漏等工具。有了具体实物，就可以通过生活中的小事培养孩子的时间观念。比如，家长给孩子固定好时间，设定好闹钟，用闹钟来督促孩子。在这个过程中，孩子也能体验到成就感，不再去应付任务。再比如沙漏计时器这种有趣而新颖的小物件也会让孩子爱不释手，在洗漱、吃饭，穿衣服、收拾物品、背书、练字时都可以用到。久而久之，有了"时间"这根无形的指挥棒，孩子的时间观念会越来越强，磨磨蹭蹭的现象会随之减少，相应地在校完成作业的效率就会有所提升。

如果孩子仍没有时间观念，在做某件事情前家长要和孩子约定好时间，这样可以减少不必要的冲突和亲子关系危机。既然是事先约定好的，到了约定的时间，就一定要遵守约定。为防止孩子耍赖，家长可以事先做好承诺：如果遵守约定，将会有相应的奖励。对于"屡教不改""顽固不化"的孩子，家长可以和孩子比赛遵守约定，互相监督。无论是谁，只要不遵守约定，就要受到小惩罚，而遵守约定的人则可以获得奖励。比赛是催促孩子的动力，他们会为荣誉而积极争取，这样遵守约定的规则就可以在游戏中慢慢渗透。值得注意的是，家长要持之以恒。长期的训练会让孩子的时间意识增强。

其次，在生活中要注意培养孩子做事情的专注力。专注力不强的孩子不仅作业完成得会比别人慢，做事也会拖沓，导致时间意识不强。这就要求父母在生活中多观察孩子，让孩子知道时间的紧迫，做事情要一心一意。比如，可以进行一分钟的专项练习，让孩子感受1分钟可以做多少事。引导孩子做一做简单的口算，训练时以1分钟为一组，每天练习3到4组，记录好孩子的成绩，孩子进步时多表扬，止步不前时多鼓励。这样能很好地培养孩子做事的专注力，增强时间观念，同时训练了孩子的口算能力。

亲子游戏

游戏名称：大家一起来拼图

游戏目的：通过游戏培养孩子的时间观念以及时间安排能力。

游戏过程：将所有家庭成员划分为两组，将两份打乱的拼图分给两组成员，每个成员都不知道自己拿到是拼图中哪几部分。规定在20分钟内完成程度高的一组获胜。

游戏要点：在游戏当中，父母要引导孩子对时间做好规划，告诉孩子浪费自己的时间就是在浪费大家的时间。父母要帮助孩子在游戏中对自己的任务做好规划，培养孩子的时间观念和时间安排能力。

学业 4 答非所问——如何让孩子学会倾听？

案例故事

思思是一位漂亮的小姑娘，有炯炯有神的大眼睛、白白净净的脸蛋儿，非常招人喜欢，家里人也将其视为"至宝"。可就是这样一位"至宝"给她的爸爸、妈妈带来了好多困扰。

参加好朋友的生日聚会时，有家长问"小寿星"："你许的什么愿望啊，能透露给阿姨吗？"没等"小寿星"回答，思思插嘴道："我不用猜就知道，他肯定是希望圣诞老人能送他一个机器人。"说完，思思就和旁边的孩子讨论起来。聚会接近尾声，大家要互相告别时，一位阿姨对思思说："思思，下个周来阿姨家玩。阿姨给你做好好吃的。"阿姨说话时，思思在和其他的小朋友玩，随之回应一声："阿姨，我也想要她手里的玩具。"妈妈在旁边赶紧化解尴尬，并在回来的路上狠狠地训斥了思思一番："思思，你下次要认真听别人说话，就知道在那儿玩，多没有礼貌。"思思转头给妈妈一个鬼脸。

这样的事情还有好多，妈妈在给思思说读书要求时，还没等妈妈第一条说完，思思就大喊："我知道了，不就是要多读几遍吗？"其实妈妈想表达的并非此意，而这时思思早已把妈妈"赶"出卧室。

🎯 理论分析

倾听是孩子感知和理解语言的行为表现。倾听能力在现实生活中的运用极其广泛，大到欣赏音乐、听报告等，小到一句话及每个字或词的应用等，日常生活中处处需要倾听，需要通过倾听获取关键信息。倾听能力的强弱直接影响着孩子知识、技能的接受和掌握。有些孩子的注意力容易分散，对一些要求和指令不能马上做出反应，或者做出一些错误的反应。究其原因，第一个原因是孩子身心发展存在局限性。学龄初期的孩子受身心发展的影响，注意力集中时间短，缺乏倾听的耐心。特别是一些平时活泼好动、表现欲强烈的孩子，往往急于表达自己的想法而打断他人的话，以致于根本没听清楚别人说话的要点。

第二个原因是孩子的倾听能力没有得到培养。很多家长会错误地认为，听的能力不应该是与生俱来的吗？因此觉得没有必要去训练孩子，遇到孩子插嘴或者不专心听课时就会训斥孩子。这样的训斥会使孩子失去倾听的欲望和兴趣，会逐渐变得不爱倾听或者不会倾听。另外一种表现则是家长发现孩子插话时放任其插话，认为这是以孩子为中心，有利于孩子主人翁意识的培养。这种行为会致使孩子更加不会倾听，经常去打断别人说话，影响人际交流。

💡 名家观点

要做一个善于辞令的人，只有一种办法，就是学会听别人说话。

——莫里斯

📺 教师支招

第一，父母要善于倾听孩子的心声。在现实生活中，许多父母都没有认真倾听孩子的谈话，那么怎么能去指望孩子能够认真倾听别人的话呢？经常会听到很多父母感叹："孩子小小年纪有事情也不跟我说，我说的话他也听不到心里去，真是拿他一点办法也没有。"实际上，父母不善于倾听孩子的心声，孩子说的话得不到父母的重视，孩子就会把自己的心里话隐藏起来。更糟糕的是，有些孩子还认为这是大人之间的交流方式。

其实，倾听孩子的心声不仅是增进亲子关系的有效途径，还是培养孩子倾听他人的重要方法。倾听对于社会性交流、课堂学习以及获取信息都有重要的作用。这种倾听能力不是与生俱来的，需要从小培养。因此，无论孩子提出的问题是大是小，父母都要认真地倾听，而不是随意打断孩子或因孩子的想法不"成熟"而立即否定，或者让孩子等家长有时间再说。立即认真倾听孩子说话，和孩子进行互动，有利于赢得孩子的信任，更有助于培养孩子倾听的好习惯。除此之外，父母在倾听孩子说话时，一定要端正态度，千万不要一边倾听一边做其他事情，或者想一些理由试图反驳孩子。父母是孩子的榜样，父母以身作则，孩子则会受益终生。

第二，父母在与孩子交流时，不要将自己置于家长的权威地位，总是对孩子下命令。在这种环境下长大的孩子，不愿意听父母讲道理。如果父母能够调整自己的心态，尝试与孩子平等地交流，少一些命令，孩子就会愿意听父母说话。比如，不要说"我说的话你听明白了吗？赶快去收拾自己的学习用品"，而是要多说"妈妈有件事情要给你说，我们一会儿要出门，你要不要先把自己的学习用品收拾起来呢？"父母调整了自己说话的细节，孩子能够感受到家人对自己的尊重，就会愿意听父母说话，同样也会认真倾听别人说话。

第三，低学段的孩子对有趣的事物比较感兴趣，父母可以通过游戏训练孩子的倾听能力。其实，能否认真倾听是一项能力。能力的获得大部分是靠后天的培养。许多孩子在听别人讲话时总是左顾右盼，或摆弄物件，或东张西望，这样的行为不是不可扭转的，父母可以通过游戏训练孩子，如传话筒、成语接龙、找宝藏、唱歌找错误的游戏。

倾听习惯的养成并非一蹴而就，需要长时间的培养，这其中需要父母耐心地引导、监督。

亲 子 游 戏

游戏名称：故事运输

游戏目的：通过游戏让孩子明白倾听他人意见的重要性，帮助孩子做一个善于倾听的人，帮助孩子养成尊重他人的好习惯。

　　游戏过程：制作一些故事卡片，将所有家庭成员分成两组。每组成员依次站好，抽取卡片，第一个人要在规定时间内记住故事（包括故事的细节），规定时间一过就要将自己记住的内容在一分钟之内传递给下一个人。第二个人将自己听到的内容在一分钟之内传递给第三个人，以此类推。根据最后一位成员对故事的复述完整程度决定输赢。

　　游戏要点：在游戏过程中，让孩子处在小组的中间，让孩子明白倾听别人的重要性。游戏结束之后，父母要指出每个人在游戏中存在的问题，最后告诉孩子我们可以一起改正，以此来引导孩子养成尊重他人的习惯，引导孩子养成善于倾听的习惯。

情 感
1
以自我为中心——如何引导自我管理

📖 案例故事

8岁的牛牛报了两个学习班：周六上午的围棋班和下午的跆拳道班。

每次周五晚上，牛牛都会有诸多要求，上朋友家玩，多玩一会儿玩具，多看一会故事书，要看一部动画片，等等。妈妈禁不住他不断地软磨硬泡，无奈——答应，本来定好8点半睡觉，总能拖得很晚，次日早晨的赖床就成了每周都会发生的事情。手忙脚乱地上厕所、洗刷、吃饭后赶往围棋班，忘拿东西也成了经常发生的事。

跆拳道班有段时间练习劈叉，因为畏惧劈叉的疼痛，他总是找各种借口不去，如"妈妈我肚子疼""妈妈我太瞌睡了""我腿疼得快断了"。

妈妈担心他真的身体有问题，经常被他的"组合拳"击败，同意他不去。

不仅如此，牛牛在学校几乎没有什么朋友，每天放学也是独来独往，妈妈头疼得很。这个不会和同伴相处，总是想干什么就干什么的牛牛到底应该怎么教育呢？

理论分析

孩子没有时间观念，由着性子来，其实是养成了依赖心理，不知道对自己的事情负责。家长可能平时对孩子的生活干预过度，削弱了孩子的自主管理能力。许多家长在孩子上小学之后，仍然认为孩子还小，不懂得安排自己的活动，仍然像对待幼儿园的孩子一样"关心"孩子的生活和学习，从收拾书包、整理房间这些生活小事，到孩子的学习细节，如何时开始预习、复习，报什么课外班，无不参与、无不干预，有时甚至直接替孩子做决定。久而久之，孩子变得越来越依赖父母，变得不爱动脑，懒得思考，懒得操心，自主管理的能力自然得不到锻炼和提高。而家长对孩子的过度关心会造成过度保护，从而剥夺孩子对自己负责的机会。因为担心孩子饿着，不惜追着孩子喂饭；因为孩子哭闹，就给孩子买不需要的玩具；因为怕孩子烫着，怕孩子摔碎碗碟，就不让孩子参与家务劳动……家长爱子心切、护子心切，殊不知，在这样无微不至的关心和保护中，孩子渐渐失去了为自己负责、为自己的选择负责、为自己的学习和生活负责的机会。

💡 名家观点

在每个孩子心中最隐秘的一角，都有一根独特的琴弦，拨动它就会发出特有的音响，要使孩子的心同我讲的话发生共鸣，我自身就需要同孩子的心弦对准音调。

——苏霍姆林斯基

📇 教师支招

针对孩子总是以自我为中心的情况，家长应多放手，培养孩子的自主意识。家长对孩子少一些控制和干涉，充分相信孩子的能力，尊重孩子的意见，让他们有更多的机会根据自己的兴趣和好奇心去自主安排学习和生活。同时，也应该允许他们失败，给他们尝试并改正错误的机会。

低年级的孩子可以先由家长协助、指导和督促，逐渐过渡到由孩子自主安排、自主完成的阶段。这样能使孩子获得自我控制感，激发他们学习的积极性和自我管理的决心和意志。急于插手、急于纠正，就会使孩子在思想上和行动上产生依赖感，不愿也不敢探究未知的事物。

当然，家长也不能放任不管，要帮助孩子树立规则意识。对孩子充分信任和放手，重视孩子的自由意志和独立思考能力，并不意味着孩子就可以我行我素，也不意味着可以对规则轻视和抛弃，而是允许孩子拥有有限的自由。家长要给孩子明确自主的范围，什么是可以适当放宽的，什么是需要限制的，什么是必须严格遵守的。比如作息，家长应该和孩子一起确定能够保证孩子充足睡眠的上床时间和起床时间，绝对禁止因为赖床而上学迟到的行为。如果放纵下去，孩子可能会变得懒散，更不可能勤奋和刻苦了。因此家长要加强监督，和学校密切配合，帮助孩子强化规则意识和日常行为规范，养成良好习惯，让孩子明白"越自律才能越自由"。

在实际生活中，可以用巧奖励的方法，激发孩子的内在动力。家长要多使用内部奖励，少使用外部奖励。孩子积极地探究和了解周围世界，由此产生的自豪感和成就感本身就是对孩子的奖励，此时家长如果能够及时肯定、及时鼓励并给予情感和精神上的支持，这种奖励就是内部奖励。相反，家长为了让孩子做某事而给予物质上的承诺和奖赏，就是外部奖励。比如，晨跑时家长鼓励孩子坚持跑完 1000 米，并在跑完后肯定孩子有毅力、能吃苦，就是一种内部奖励。如果家长承诺孩子跑完 1000 米可以买一双新跑鞋，就是一种外部奖励。这种奖励变成了交换，它削弱了孩子自身的能动性，分散了他的注意力，使他觉得自己的行为是由这些报酬和奖励引起的，他会更多地关注行为的结果而忽略行为本身，很容易对某种行为或学习逐渐失去兴趣。

家长要正确归因，引导孩子承担责任。要进行内部的、积极的归因，不要外部的、消极的归因。有些孩子考试没考好，回到家就抱怨老师不会教，或是说自己不是学习的料，这就是典型的外部的、消极的归因，这种归因方式往往会造成推卸责任、逃避现实的不良影响。

学习态度、学习方法等，是个人可以调节控制的因素，这种归因不但是一种内部归因，而且是一种积极归因，这样归因，孩子学习动力是充足的，偶尔成绩不如意也会在日后积极做出调整。孩子出现外部归因、消极归因的苗头，家长一定要高度敏感并及时引导，不能任由孩子推诿责任，否则孩子的责任心会逐渐淡漠，慢慢变得对自己的学习也不想上心、不愿负责了。

没有放之四海而皆准的育儿真理，每一种方法对不同的孩子和家庭可能会有不同的效果。因此，我们在充分了解、尊重孩子个性的基础上，有针对性地教育孩子，才能让孩子朝气蓬勃，充满向上的生机与活力！

亲 子 游 戏

游戏名称：我笑你哭

游戏目的：通过游戏培养孩子与他人相处的方式，让孩子明白自己的情绪会影响别人，别人的情绪也会影响自己，不应该以自我为中心，要多和身边的家人、朋友交流沟通。

游戏过程：全部家庭成员围成一个圆圈。带领者转向右边的成员，做一个搞笑的面部表情，成员依样做给下一位成员看。但如果该成员转回左边扮演一个难过的表情，左边的成员就要改变方向，向左传表情，以此类推，直至有成员输了为止。

游戏要点：在游戏过程中，位于孩子左右的成员可以多做几次表情传递，让孩子多做几次表情传递，让孩子明白别人的情绪可以影响自己，自己的情绪也可以影响别人。

情 感
2 淘气不是错——"乖宝宝"真的比"淘小子"善于倾听吗？

📖 案例故事

　　学校的家长开放日，小轩妈妈受邀参加学校驻校活动，有幸听了一节二年级语文先行课《曹冲称象》。大家对这个故事都很熟悉了，小小年纪的曹冲想出了用船代替大秤、用石块和大象平衡的办法，称出了大象的重量。由此可见，曹冲是个善于观察、善于动脑的孩子。根据课文内容，故事中的曹冲才7岁，班里的学生也普遍是这个年龄，所以课堂上很热闹，孩子们也很感兴趣。

　　在这节课中，小轩妈妈一直在盯着小轩，因为她知道自己的孩子比较活泼，生怕孩子说了不该说的话。在课堂提问环节，张老师问："请同学们再读课文，仔细想一想，曹冲的办法好在哪里？现在你有没有比曹冲更好的称象办法？"果然，活跃的小轩举手了。他并没有按张老师的要求回答，也没有认真倾听老师的问题，而是急于表现自我，在没有再读课文的情况下便踊跃举手，结果重复之前同学的回答，他的回答里并没有新意。老师只好微笑着让他坐下。

整堂课，每当张老师让学生自己读课文或准备组织学生以小组的形式进行讨论时，小轩总是未等老师说完要求，就迫不及待地"行动起来"，甚至最后，老师的后半句话都淹没在了同学们的笑声中。

小轩的妈妈看到儿子的表现非常郁闷，她看到课堂上落落大方的女生们都那么认真、安静，真的要坐不住了，只好向老师和优秀的家长讨教经验……

🎯 理论分析

"淘小子"和"乖宝宝"是班级中的截然相反的两类儿童。"淘小子"积极地举手却没有思辨产生，最主要的原因是孩子缺乏良好的倾听习惯，没有集中注意力，而这些问题的产生主要是因为家长对倾听这一学习习惯培养的认识和重视度不够，缺乏正确、有效的指导。

良好的倾听习惯是发展孩子能力的基础和前提条件，也是孩子对说话人的尊重和综合素质的体现，也从侧面反映了孩子掌握知识和接收信息的能力。

低年级学段正是孩子养成良好倾听习惯的极佳时期。现在的家长自身素质较高，所以给孩子打造的家庭环境普遍较好。孩子受家庭环境的影响，自我意识比较强烈。在学校里，在某些层面上看，这种自我意识表现为爱展示、少思考，只顾自己表现，期待得到表扬，不重视其他人的发言等。

另外，低年级学段学生的注意力具有不稳定、不持久的特点，做一件事情时一直保持注意力高度集中是比较难的。孩子做自己喜欢的事情时，注意力会保持得相对久一些。如果孩子对一件事情不感兴趣而又必须去做，就会表现得不够积极，甚至出现厌倦的情况。

💡 名家观点

善于学习的学生通常都是善于倾听的儿童，只爱自己说话而不倾听别人说话的儿童是不可能学得好的。

——佐藤学《静悄悄的革命》

🖥 教师支招

家长应该知晓倾听习惯培养的重要性，告诉孩子，与人交往时认真倾听是对他人的尊重，也是对自己的尊重，是自身修养的表现。在孩子安静倾听时，家长应该主动关注，直接表扬，或赞美，或用手势鼓励，或给一个微笑的眼神，让孩子意识到原来倾听也是一件很美好的事情。绘本中有很多受孩子欢迎的人物，家长要充分利用书籍的力量，激发孩子的读书兴趣，通过亲子阅读培养孩子的倾听习惯。

倾听的方法也是培养孩子学会倾听的法宝。平时生活中，家长要把"听"的要求尽量具体化，有利于孩子学会"倾听"，养成良好的倾听习惯。针对孩子注意力集中时间少，对抽象的语言不敏感，对操作性强的动作感兴趣的特点，家长可以编创"听"的动作，使倾听变得具体、有趣。这样，当孩子一看到家长"听"的动作，就会自觉将注意力集中并指向"听"。平时，家长要"专心、耐心、细心、虚心、用心"，听清楚孩子说的每一句话，当孩子说的有错时，也不要随便插嘴，听完再发表自己的意见，将自己的意见建立在孩子发言的基础上。这样给孩子树立拥有良好倾听能力的榜样。

家长可以巧用暗示，随机调控。"暗示调控"包括手势暗示、目光暗示、语调暗示、接触暗示等。家长可根据孩子的不同表现，有针对性地采用"暗示调控"。另外，要适当给孩子即时评价，调动孩子的积极性。家长要根据老师的反馈，对孩子的学校表现恰当地进行评价，让孩子获得被夸奖的喜悦。

"游戏是儿童的天使"，让孩子在游戏活动中学习倾听。在游戏中培养学生的倾听习惯有时会收到意想不到的效果。家长要有意识地把儿童带回到真实生活中去，用心观察、感受他们的生活，不断地提醒和指导，引导孩子坚持不懈地训练。孩子学会了倾听，才更会学习，有可能获得更好的发展。

总之，有的"淘小子"喜欢在运动中长本领，他们和"乖宝宝"的发展阶段不同，所以家长要有一定的耐心，静待花开。

亲 子 游 戏

游戏名称： 萝卜蹲

游戏目的： 通过游戏锻炼孩子的反应能力，让孩子明白要懂得倾听。懂得倾听，别人才会倾听你的想法，只有双向的呼应才是有意义的。

　　游戏过程：将家庭成员分成三组，每组给自己组起一个比较难记的名字。每一组开始时，要说："×××蹲，×××蹲完×××蹲。"被点到名字的那一组要立刻做出回应，直至有一组接不上，或者讲错组名便为输。输的一组要接受相应的惩罚。

　　游戏要点：要把组名起得比较难记，在游戏过程中多提孩子在的那一组，让孩子体会到在游戏过程中倾听是多么重要。游戏结束以后，父母要和孩子沟通，告诉孩子倾听别人的想法才能更好地表达的自己想法。只有倾听并尊重别人，才会获得别人的认可与尊重。

情 感 3 步调一致——父母如何看待教育分歧？

📖 案例故事

　　小伟特别淘气，在爷爷面前更是如此。晚饭的时候，小伟爸爸拿起碗到厨房盛饭，走过小伟身边时，小伟瞅准时机，一伸腿，把爸爸绊倒在地，爸爸手里的饭碗也飞了出去。小伟爸爸火了，追着要打小伟。小伟转身溜进了爷爷的房间。小伟爸爸忍着疼追进房间，一抬头，看见自己的爸爸横在面前，挡住了去路："干什么？不许打孩子！"老爷子板着脸。小伟爸爸无奈地说："爸，他伸腿绊我！这孩子学坏了，我必须揍他一顿。"老爷子不以为然地笑了笑，说："你这么大的人了，这都躲不开，笨不笨？好了！吃你的饭去。"小伟在爷爷背后偷笑。

理论分析

　　不少隔代长辈看不得孩子被批评、训斥，更别说挨打了。我们不提倡打孩子，但是适度的批评和约束不可少，然而在隔代长辈的干涉下，父母往往难以管束孩子。受到过分宽容和保护的孩子，更容易因此养成顽劣、冷漠的性格，缺乏爱心，不懂得体贴，任意胡为，不守规则。现在的孩子独生子女居多，家庭教育或多或少存在一些问题，所以孩子身上浮现出一些不良倾向，如自私任性、散漫、胆小怕事、孤僻冷淡、目中无人、自理能力差、自控能力差、注意力不集中、做事不认真、挑吃挑穿、不爱惜物品、缺乏同情心、不肯帮助人、怕做作业、与父母蛮缠、见客不礼貌。

　　隔代教育产生的原因有以下几个方面：父母的工作压力大，父母照顾孩子的时间少；老人带孩子，相比保姆让父母更放心；一般老人已经退休，时间充足，有精力照顾孩子；老人退休后也愿意照顾孩子。老人带孩子有以下几种教育类型。

　　过分关注型：孩子本来能自己做的，隔代长辈呵护备至，代为其劳。孩子在正常环境下能锻炼自己的能力，结果让隔代长辈取消了这样的机会。

　　过分监督型：什么事情都要督促孩子，经常检查孩子的行为，由此造成了孩子的依赖性和惰性以及对成人的不信任感。

　　严厉惩罚型：对孩子的批评多于鼓励，责罚多于奖励。这使孩子产生了严重的自卑、自闭或叛逆心理。不要求孩子完美，只要求孩子不断进步。当孩子怎么做都不能达到要求时，他就会放弃。

放纵溺爱型：隔代长辈对孙辈疼爱过度，处处迁就孩子，造成孩子任性、依赖性强和生活自理能力低下等不良结果。

民主理解型：在隔代长辈中也有人采用这种方法，只是数量很少。

可以说，隔代长辈教育孩子确实存在一些弊端。比如，容易溺爱孩子，教育观念陈旧，会让孩子与父母的关系疏远，对孩子的个性发展也有着很大影响。

当然，隔代教育又有着它的可取之处。比如，时间充裕，耐心细致；积累了抚养和教育孩子的丰富经验，积累了丰富的社会阅历和人生感悟；能减轻孩子父母的教育负担；老年人摆脱离开工作岗位后的孤寂。

在我们的传统文化中，老年人的天伦之乐就是生活稳定、儿孙绕膝、三代同堂。这种根深蒂固的家庭伦理观念，可谓奠定了隔代教育的历史渊源。不过让隔代长辈带孩子，能够让老人、孩子都更加健康。这是美国科学家得出的新结论。美国爱荷华州立大学的生物学家开展了这项研究，他们首先对果蝇进行了试验，发现如果老果蝇与小果蝇在一起生活，老果蝇的寿命是正常寿命的两倍，而小果蝇对环境的适应能力也变强了。接下来，研究者对人类进行了调查，发现与孙辈生活在一起的老人更加积极、乐观，他们得病的概率比不能与孙辈一起生活的人要低两成，而他们的孙辈则更加活泼好动，反应能力也更强。研究人员分析，祖孙相处能创造融洽的生活氛围。这对老人和孩子都有益处。因此，当隔代教养无可避免时，父母应该取得一个较好的平衡点。

名家观点

在带孩子的过程中，老人应把握好教育孩子的尺度，既不能越位，也不做摆设的花瓶。

新时代的教育总有新要求，尽可能地从书籍或杂志中汲取教育学营养。只有这样，祖辈在隔代教育中才能发挥积极作用，有益于孙，有益于己。

——李旭

教师支招

在隔代教养方面，父母应把握以下几个原则。

1. 尊重老人

对于我们这一代的成长，老人付出了毕生的心血。当我们的孩子需要他们的照料时，他们又义不容辞地承担起这个责任。仅凭这一点，老人就值得我们终身感激。其实老人的要求不高，平时只要对他们多一些宽容，多一些赞赏，多一些关照，他们就会乐开花。年轻父母不要回到家中时眼里只有孩子，而忽视了自己的父母。

尊重老人的情感需求。"隔代亲"是祖孙之间的血缘亲情，由此而产生的天伦之乐是人类情感生活中让人痴迷的一部分，不要因为隔代长辈的一些教育方式不妥或溺爱孩子而剥夺其享受这份快乐的权利。

2. 定位主角和配角

父辈是家庭教育舞台的"主角"，祖辈是"配角"。对孩子来说，父母是无可替代的。因此，年轻父母应牢记属于自己的责任，即使"日理万机"，也要"见缝插针"地履行自己的责任。同时，鼓励自己的父母拓宽视野，寻找健康、有乐趣的生活方式，并定期给自己的父母放假，让他们有时间过属于自己的生活。

为避免教育中的矛盾，可以事前来个"育儿协议"，进行明确分工，比如，在照顾孩子的饮食方面，老人比年轻父母经验多，时间充沛，那不妨听取他们的安排；在孩子的习惯培养、智力开发等方面，年轻父母承担主要责任，因为老人缺乏科学育儿、智力开发等知识储备。

3. 提高亲子陪伴质量

首先提醒各位家长，不可为求补偿，总买玩具、食品、衣服等给孩子，这会让他将家长和物质联系在一起，而淡化了亲子情感。

老人的体力有限，带孩子活动的范围和花样自然就有了限制，年轻父母不妨在这点上"做些功课"，带孩子参加户外活动，开展孩子与同龄人的交往活动，有意地带给他惊喜，比如郊游、坐摩天轮，让孩子充分享受和父母在一起时的欢乐。年轻父母也可"研发"些亲子游戏，既加深亲子情感，又可以"演示"给自己的父母。家长不在家时，请老人陪孩子一起玩。

如果年轻父母长期（两周以上）不在孩子身边，那就记录下自己思念孩子、牵挂孩子的心情。不管是存放于日记本还是网络空间，留给孩子日后阅读，相信孩子会明白爸爸、妈妈的苦衷，也会更爱爸爸、妈妈。

在家庭教育中，年轻父母趋于理性，而老人趋于感性。年轻父母教孩子知识，着眼于孩子的品格培养、智力开发等方面，但老人对孙辈疼爱过度，往往以尽量满足孩子的愿望为出发点，而较少理会这些对他们有益还是有害。因此，父辈和祖辈的矛盾自然是"一出接一出"。

家长是否已经为此深感烦恼了？别急，这里有几个经实践卓有成效的方法，去试试吧！

1. 与老人沟通——问题"私聊"

当父辈与祖辈产生分歧的时候，首先注意找准"组合"，才能事半功倍。如果是与爷爷、奶奶沟通，就请爸爸出面；如果是与外公、外婆沟通，就请妈妈出面。因为是矛盾，当然要"私聊"。不管是谁有错，在没有"外人"的场合，大家更容易坦诚。

此外，在沟通之初，年轻父母尽量先表达对老人的感谢和关爱，再慢慢进入正题。如果有先生（太太）和孩子在场的时候，不妨说些老人的功劳。

例如，洋洋4岁了，在家几乎一刻也闲不住。奶奶怕孙子磕到桌子角上，把家里所有有棱角的地方都包上了胶布，还不许孩子到处跑，这样的过度保护当然对孩子不利。于是爸爸"上阵"，先是认可了老人为此事花的心思，然后说明这样的弊端，并和母亲一起找到了更好的办法。

2. 用事实说话

当发现祖辈对孩子有溺爱现象或采用了不妥当的教育方法时，年轻父母顾及老人的自尊心，最好从侧面提醒，或者让"事实说话"，让老人自己来改变想法。切不可当众驳斥，那样只会伤了他们的心。

例如，关于给孩子穿衣，一位妈妈和公婆常有矛盾，她不希望给孩子穿太多，可老人怕孩子冷，怎么也说不通。后来，这位妈妈换了种方式，只要她在家，就会时时摸摸孩子的后背和头，如果有汗，马上让公婆也实在地感受一下。出了汗当然要擦身、换衣，这位妈妈会趁机沟通："早晚凉就多穿点，中午、下午咱就换件薄的，这样既不会冷到也不会热到了。"如此，老人也会欣然接受。

3. 找准理由

教子意见产生分歧时，不要在问题的表面进行争论，要给出习惯养成、性格塑造等方面的科学依据。这样既体现尊重之情，又利于老人接受建议。

例如，天天是个"拆玩具大王"，得意之作就是将妈妈买的玩具拆了卸，卸了装。奶奶感到心疼，于是偷偷藏了些完好的玩具。后来妈妈发现了询问，奶奶说："等他不破坏了再给玩好的。"面对奶奶的"好心"，妈妈这样引导起了婆婆："给孩子的玩具都是专门针对这个年龄开发智力的，而且拆卸玩具能锻炼动手能力，促进智力发育。"奶奶当然不希望孙子比别人差，于是赶紧把玩具都找出来了。

4. "曲线救国"

如果真的与老人发生了重大的意见分歧，万不可针锋相对，否则矛盾激化，还会影响生活中的关系。再教一招，试试"曲线救国"的策略，即借别人的嘴说你想说的话。

请亲友帮忙。当老人对某个科学教育理念或方法拒不接受时，不妨发动亲朋好友联合跟他说理。可以请亲友（最好是老人平时就比较认可的人）在问候老人和孩子的时候，比较含蓄地说出此意，如能举出具体事例，就更好了。

请孩子的老师帮忙。谁不希望自己的宝贝得到老师的喜爱？当老师就孩子问题提出请家长配合时，老人一般都会欣然同意。不妨拜托老师在老人接送孩子时，沟通教育中的问题。

请专家帮忙。专家讲育儿知识和方法的节目很多，可请老人一起看。专家的指导更有说服力，便于接受。如果是节目内容正好跟当下产生的矛盾相符，最好留给老人自己看，给其学习、反思的空间。如果在此时当场"揭短"，反而会引起他们的"逆反"。

5. 把握时机

教育孩子讲契机，说服老人也要讲时机。如果对方此时心情愉悦，或是正好碰上孩子出现这个问题，年轻父母的建议和意见易于被其接受；如果气氛、场合不对，说服则易遭遇"反击"，最终问题没有解决，还导致不欢而散。

例如，依依7岁了，平时见了邻居、亲戚也不怎么打招呼。爷爷觉得孩子没礼貌，为这事说过孩子几次。妈妈觉得不能给孩子"贴标签"，而要及时鼓励和强化。一次，爷爷的一位老朋友来家做客，两人多年不见，相聊甚欢。依依在熟悉了客人和现场气氛后，喊他们吃饭时主动问了声"爷爷好"。客人夸她有礼貌，依依很高兴，并对客人的问题礼貌回答。等送走客人后，依依妈赶紧把自己的想法和公公沟通了一番，并且以刚才的情况做了实证，爷爷欣然接受了及时鼓励的建议。

6. 站在老人的角度解释

一般年轻父母在说服老人时，往往站在对孩子好的角度，比如，这样不利于孩子的身体健康。时间久了，容易让老人产生逆反心理："难道我是故意对孩子不好吗？"因此，不妨在提出理由时老幼兼顾，既为孩子考虑，又为老人着想。

其实对很多事情，当站在老人的立场上想过之后，也许就不需再去说服他了。如果遇到强势的老人，则不必试图去说服他，因为他不会承认自己有错误，不妨以柔克刚，以弱克强，让其体会到是因为自己的让步而使你不再为难，他们会很有成就感。

例如，彤彤每次吃饭都要由奶奶追着喂，这让妈妈十分烦恼。有一次，奶奶追着彤彤喂饭，不小心把碗里的饭撞洒了一地。彤彤妈听说后跟婆婆进行了"推心置腹"的谈话："妈，您年纪大了，这样满屋子追着跑是很累的；而且每次喂完，自己也吃不好了。您胃疼让我们很是过意不去，我们不妨想点让孩子愿意吃饭的方法。"彤彤妈的话让婆婆听了很感动，她欣然接受了儿媳的建议，一起琢磨起了让孩子对吃饭感兴趣的点子。

7. 常谈心

俗话说："不是一家人不进一家门。"既然因某种缘分大家走到了一起，还是要相互体谅和关怀的，与家人多交流，即使不说孩子的事情，多多沟通也能加深彼此的感情，达成对双方的理解。

例如，小丽的奶奶是个特别爱聊天的人。她常跟小丽妈妈说些家长里短，对于报纸上和电视上看到的都市新闻、小区邻居的家庭琐事都愿意说一说。其实小丽妈妈对这些并没有多大兴趣，但每次都会认真倾听并回应。这样，婆媳关系越来越融洽。虽然表面与育儿无关，但两人关系好了，很多问题也就容易说通了。

亲子游戏

游戏名称：人体数字

游戏目的：通过父母与孩子配合游戏，增进亲子感情。

游戏过程：将家庭成员分成3组，父母与孩子一组。双手代表2分，双脚代表2分，即一个人有4分。当带领者讲出一个数字，各组便要以最快的时间来组合。组合最慢的一组算输。

　　游戏要点：带领者可以喊 2，这样父母需要单脚站立，并且还需要把孩子背起来。带领者可以多喊一些促进亲子之间肢体接触的数字，使其通过肢体接触来促进亲子之间的感情。

情 感 4 控制情绪——今天你怒吼了吗？

📖 案例故事

秋夜，微微入凉。小区一片寂静。咆哮式的训斥声回荡在小区内。

"这个刚刚不是给你讲了吗？怎么还不会？""快点写啊！"一阵安静过后，小区内再次响起怒吼声："不是说了吗？先加个位数，然后再算十位，你怎么这么笨！"只不过这次孩子的哭泣声也回响在整个楼层。

哭闹过后，双方好像进入了和谐相处的阶段。然而，好景不长，孩子慢慢悠悠地收拾书包，妈妈顿时怒火直冲大脑："你能不能快点啊，你看看都九点半了，还睡不睡觉了？"孩子并没有回应妈妈，只是一边流泪，一边抿嘴。"快点，快点，把这个放文具盒里！"妈妈的怒火已经控制不住了。

原来，这是一位妈妈在辅导心心做功课。心心在课堂上没有掌握所有知识点，妈妈利用晚上的时间给心心补课。

这样的情况不仅出现在今天，自从心心上了一年级，在小区内经常能听到这位妈妈的怒吼声。

🎯 理论分析

根据美国心理学家埃利斯的情绪 ABC 理论，情绪主要来源于对一件事情或者一个人的看法。他认为，激发事件 A 只是引发情绪和行为后果 C 的间接原因，而引起 C 的直接原因则是个体对激发事件 A 的认知和评价而产生的信念 B，即人的消极情绪和行为后果 C 不是由某一激发事件 A 直接引发的，而是由经受这一事件的个体对它不正确的认知和评价所产生的错误信念 B 所直接引起的。错误信念也称为非理性信念。

比如，家长对孩子做事慢这件事的看法不同，产生的情绪也随之不同。如果觉得孩子做事很慢的话，你对孩子的情绪就会比较焦虑和着急。如果觉得自己的孩子虽然很慢，但你能够接受这一点，觉得孩子有自己做事的节奏，慢工出细活，这样你就会比较坦然、平和。

而很多家长会在教育孩子的时候发脾气，尤其是低年级的孩子的家长。孩子太小，很多事情达不到家长的标准，家长就开始发脾气。而这些"火"有时候是因为孩子拖拉，有时候是因为孩子犯错，有时候是因为孩子不按时睡觉，有时候是因为孩子完不成作业……总之，孩子的很多行为会瞬间点燃家长的心头之火。那么，试想一下，脾气真的能有效解决问题吗？孩子的行为会因此真正改变吗？另一方面，发脾气容易导致两个恶性循环。一是形成恶劣的亲子沟通模式，孩子越顽劣，家长的脾气越大；家长脾气越大，孩子越难管束，会越叛逆。其实，父母发脾气，孩子的不良行为也随之升级。而第二个恶性循环则是长期的。原生家庭的相处模式很大一部分会被带到孩子成人之后的家庭中，这种恶劣的相处模式会"代代相传"。所以，很多时候我们看到有些家庭的父母对孩子轻言暖语，孩子也会知书达理；有些家庭的父母简单粗暴地对待孩子，亲子关系紧张，孩子也会畏畏缩缩。由此可见，发火不仅无效，还严重损伤亲子关系，影响孩子的性格养成。

💡 名家观点

能控制好自己情绪的人，比拿下一座城池的将军更伟大。

——拿破仑

教师支招

怒吼之前，先笑一笑。有家长说："这个太难做到了，火冒上来时，根本控制不住。"确实如此，因为人的情绪有一贯性，但是家长可以凭借自己的意志力做到怒吼前笑一笑，同时想一想孩子可爱的瞬间。当家长有意识地笑一笑，事实上已经帮助怒火实现了"急刹车"，这种愤怒的情绪会冷却不少。丹尼尔·席格等情绪学家曾经统计过，发怒只有90秒，当你撑过了90秒，不用去做任何事情，怒火都会自动消减。所以根据这种理论，家长发火前有意识地笑一笑，有助于情绪的控制。家长常常忍不住怒吼，但是可以通过努力忍住，因为家长是爱孩子的，孩子值得家长付出这份努力。

长期怒吼影响孩子人格的塑造，但当家长真的忍不住怒吼之后，要及时向孩子道歉，让孩子知道家长也会犯错，给自己的孩子做出榜样，然后向孩子说出自已怒吼的原因，例如，"是因为你的行为使得妈妈生气了，妈妈看到你这样做事很着急，所以才会发火，但这不代表妈妈不爱你"。

情绪的源头是对一件事的期望。比如，家长期望孩子对同种类型的题一次就能学会。如果孩子能够满足家长的这种期望，将同种类型的题都做会了，家长就会开心。但如果孩子不能满足家长的期望，学了两遍还是没明白，家长就会感到失望、愤怒。而这些负面的情绪源于对孩子过高的期望，如果家长能够降低对孩子功利性的期，把每一道题当作查缺补漏的机会，注重知识点的巩固与提高，注重孩子知识的积累。孩子做得好，会喜出望外；孩子做不好，也能平和面对，能更好地与孩子交流出现的问题。所以，家长想要掌控自己的情绪，就要对孩子有合理的期待，要试着客观地评估孩子的能力，切勿好高骛远、盲目攀比。

很多时候，家长要思考"爱到底是什么"。爱就是深深地接纳！你对孩子接纳得越多，你的情绪控制就越容易。因为这种情况下，你不会再拿成人的标准、别人家孩子的标准来要求自己的孩子。孩子就是孩子，他是你的孩子，独一无二的孩子！如果爱他，请接纳他。接纳孩子是家长自身真正改变的开始！

亲子游戏

游戏名称： 快乐传递

游戏目的： 通过这项游戏，让孩子明确情绪传递以及控制情绪的重要性，明白不良情绪对自身的影响，让孩子懂得不良情绪不仅会影响到自己，还会影响到身边的人。同样，别人的不良情绪也会影响到自己。要善于控制自己的不良情绪，做一个快乐的人。

游戏过程：让所有的家庭成员在场地中央闭上眼睛，围成一圈站好，一位家庭成员在圈外走几圈，通过拍打后背确定"情绪源"，让所有人睁开眼并散开，任意和尽可能多的人交流。"情绪源"的任务就是通过眨眼睛的动作将不安的情绪传递给屋内的另一个人，而这个人的任务就是向另外一个人眨眼睛，将不安的情绪再次传递给他们。5分钟以后，让人都坐下来，让"情绪源"站起来，接着是那个被他"传染"的，直到所有被"传染"的人都站了起来，然后告诉大家，你已经找到了治疗不安情绪"传染"的有效措施，那就是制造"快乐源"。游戏步骤和之前一样。不同的是，这次要假装指定"快乐源"，实际上你没有指任何人，最后发现大家会将"快乐源"指向不同的人。

游戏要点：最后"情绪源"微笑着告诉大家，实际上根本就没有指定的"快乐源"，是他们的快乐感染了自己。父母要告诉孩子情绪传递的重要性，不好的情绪对自己和对他人都是一种伤害，要善于控制自己的不良情绪，要多表达快乐的情绪。

中年级

习惯 1 放手决策——如何引导孩子养成独立思考的习惯？

📖 案例故事

一个周末的清晨，阳光温暖地照进房间。

妈妈温柔地问："宝贝，你今天想穿红毛衣，还是蓝毛衣？"

孩子不假思索地答道："我想穿蓝毛衣。"

妈妈想了想说："要不，还是穿红毛衣吧。红毛衣喜庆。"

孩子悻悻地下了床，不情愿地套上了妈妈准备好的红色毛衣。

吃过早饭，妈妈问："宝贝，你一会儿是想去图书馆，还是游乐场？"

孩子说："去游乐场！"

孩子还没来得及开心，妈妈说："咱们上周刚去完游乐场，还是去图书馆吧。你不是一直想去看曹文轩的书吗？中午呢？你想吃汉堡还是炸鸡啊？"

"我想吃……"

还没等孩子开口，妈妈若有所思，说："算了，还是都别吃了。这些都不健康。你想……"

"妈妈！"孩子打断妈妈的话，"你别问我了，我说了你也不听我的……"

理论分析

人对事物有自己的看法和选择，是大脑进化赋予我们的天然能力。到底什么是独立思考的能力呢？电影《汉娜·阿伦特》似乎可以给我们答案：思考的风所表现出来的，不是知识，而是分辨是非的能力、判断美丑的能力，思考能给予人力量。

那么，为什么孩子会出现没主见、没主意的情形呢？这就要往父母的做法回溯了。

很多父母觉得，孩子小，能懂什么，不用问他们的意见，索性直接替孩子做决定。有的父母问孩子意见，只是走过场，无视孩子的反馈，还冠以"这都是为你好"。还有的父母，把问题抛出去了，不给孩子留思考的时间，无所顾忌地打断孩子的思考过程，就像前面案例中的对话。父母这么做的结果是让孩子觉得思考了也没用，选择是被剥夺的。这会导致孩子思考的意愿退化，甚至干脆放弃。

因此，父母越俎代庖，使得孩子小的时候对穿衣服没有选择权，对上兴趣班没有选择权，对考大学、选择专业没有选择权，对结婚的对象没有选择权，甚至对工作也没有选择权……孩子的选择权利常年丧失，缺少自我表达、参与讨论决策的训练，没有试错经验的积累，最终导致选择能力和独立思考能力的退化。将来，孩子面对人生重大决策的时候，很可能会付出惨痛的代价。这不啻在给孩子的人生道路挖坑。

有的父母看到这里，可能心里会有所不平。孩子真的是不懂事啊，让他选择，如果选择得不对，难道就要听他的吗？首先，作为成人，我们不应该低估孩子的选择能力。其次，我们要为孩子独立思考输送资源。

💡 名家观点

教育的核心是独立思考和终身学习的能力。

——耶鲁大学前校长理查德·莱文《大学的工作》

🖥 教师支招

第一，把独立思考的时间和空间交还给孩子。

从现在开始倾听并支持孩子合理的思考结果，让孩子感受到来自父母的尊重。同时，要相信孩子的能力，并为孩子搭建独立思考的大厦。

第二，父母尽职扮演好多重角色。

父母在孩子面前，当然首先是父母，但这还不够。比如，父母和孩子一起蹲着看蜗牛时，是孩子的玩伴；孩子再大一点，父母要努力成为孩子的朋友；孩子再长大，父母得学会后撤，当孩子的顾问。要注意，顾问可不是去做决策、做执行的人。像置业顾问，会给我们配置资产的建议，但是不会帮我们直接拍板做决定，付钱买房子。当孩子面对一件事举棋不定，来问父母怎么办时，父母需要做的仍然是只输出观点和选项，而不要直接替孩子"拍板"。父母明确了这些身份，就自然不会"僭越"了。

第三，父母当好提问者。

在孩子的任何成长阶段，父母都还有一个身份，就是提问者。比如"你觉得这件事该怎么做呀？""你觉得爸爸说得对吗？""你有什么看法呀？"我们都知道一个词——"学问"，没有"问"怎么能"学"得好呢？父母提问，孩子回答，在回答的过程中，孩子就完成了一轮新的思考。经过这一遍一遍的"实战演习"，孩子的思考能力就会越来越强，对能应对的事情就会越来越负责，思维成熟度就越来越高。

教育的核心是独立思考和终身学习的能力，维护教育的核心是父母需要维护的边界和所需要秉持的准则。

亲 子 游 戏

游戏名称：我是"故事家"

游戏目的：通过游戏，培养孩子独立思考的能力以及表达自我的能力。

游戏过程：提前设计好一些故事开头，并公之于众。家长和孩子抽签决定讲故事的顺序。故事的开始是确定的，每个人都在上一个人所讲故事的基础上继续往下编故事，但要求故事情节的逻辑不能违反上一个人所讲的内容。

游戏要点：家长不要打断孩子，也不要规定故事的走向，每个人负责好自己的一部分。家长要注意多问几个为什么，鼓励孩子自主思考故事中问题的解决方法。

习 惯 2 经济管理——如何给孩子零花钱？

🏠 案例故事

周末的一天，贝贝家准备全家出动去买一台新空调。贝贝爸爸和贝贝妈妈带着贝贝去商场了。

一家三口来到了商场，还没来得及到家电区，就遇到了问题。原来，当他们路过儿童玩具区的时候，乐高店在放海盗主题的积木广告，贝贝一看就入迷了，吵着闹着一定要买，不买就坐在地上哇哇大哭。

其实，家里有很多玩具，但是哪怕很多玩具已经有相似的，他也要买新的。孩子的哭声引得商场里的人纷纷侧目。贝贝爸爸感到心烦又丢脸，于是吼道："你怎么看到什么都想买！哭什么哭！不许哭！"

贝贝哭得更伤心了，还时不时地伴随着尖叫："不！我就要！我就要！呜呜呜！"

孩子撕心裂肺的哭喊，让贝贝妈妈有些心疼了，加上在公共场合感到的尴尬，她开始责怪起了贝贝爸爸："你吼孩子干什么！你越吼，他哭得更凶了。"

接着贝贝妈妈开始苦口婆心地给贝贝讲道理："贝贝，我们今天是来买空调的，不是来买玩具的。我们下次来买好不好啊？"

贝贝不为所动，越哭越大声，还在地上打起滚来。

越来越多人开始看着这一家三口了，不能再耽误下去了，不然今天又买不了空调。于是最后，贝贝妈妈只得无奈地答应："好好好，买买买，我的小祖宗，真是怕了你了。"

这种孩子爱花钱、无节制买玩具的案例应该非常多见，也是让很多家长很头疼的教育问题。

⊙ 理论分析

买玩具背后其实是孩子如何看待钱和欲望的一个深刻问题。很多家长都会遇到这样的难题，经常来咨询老师。其实老师的原则很简单：对孩子合理的要求可以满足，对不合理的要求不能满足。但是，难就难在，怎么区分合理和不合理，怎么有效管理孩子所谓合理和不合理的心理预期。所以，我们就看到很多家长明知道不该给孩子花钱买那么多的玩具或零食，但又舍不得让孩子难过。到底应该怎么处理这个矛盾呢？其实，我们可以把买玩具的选择权交给孩子，这就需要我们从小给孩子经济管理的自主权利。

货币是一个衡量单位，衡量的是价值，价值是凝结在商品中无差别的人类劳动。实际上该让孩子明白的是劳动和价值的关联，明白钞票所代表的价值。

根据埃里克森的"人生发展八阶段论",孩子需要在 12 岁到 18 岁建立一种连续性认知。所谓连续性,就是要明白过去、现在和未来之间明确无误的关系,当下的努力注定着未来的收获。有了这种连续性认知,孩子不仅能处理好自己的学习和成绩之间的关系,更重要的是,孩子能建立稳定的自我认知。

自我认知的重要程度极高,直接影响孩子是否能获得好的个人成长、友情支持、事业成长和稳定的婚姻家庭。但是,到了 12 岁,孩子已经关闭和父母的沟通渠道了。这时候再去考虑和孩子沟通连续性的意义,根本就来不及了。

💡 名家观点

如果你不能及时教孩子金钱的知识,那么将来就有其他人来取代你。比如债主、警方、甚至是骗子。让这些人来替你对孩子进行财商教育,恐怕你和你的孩子就会付出更大的代价。

——罗伯特·清崎《富爸爸,穷爸爸》

🖥 教师支招

金钱不是和一切都画等号的,要取之有道,用之有度。

财商教育也是一种思维的训练。家长不要忌讳和孩子谈金钱,而是引导他们建立正确的金钱观和消费观。我们需要给孩子的不是花不完的钱,而是管理和运用钱的方式。从小对孩子进行财商教育,引导孩子管理金钱,引导孩子学会规划梦想和管理人生,更要引导孩子感恩父母,建立责任感,懂得通过自己的劳动赚钱,从而独立、自尊,有健全人格。

那么培养孩子的财商，该从何做起呢？

第一，树立正确的金钱观，要让孩子懂得钱财来之不易。

财商教育并不等同于要向孩子灌输钱越多越好的道理。要帮助他们树立正确的金钱观，理性地进行消费，该节俭的地方就不要铺张浪费，不要盲从地跟风消费，将钱用在合理的地方。家长不妨让孩子了解家里的收入支出情况，让孩子适度参与投资决策，增加责任感。同时也让孩子了解父母工作辛苦，做好自己的未来规划。

第二，要让孩子学会花钱，并坚持记账。

在生活中最好给孩子一些实际花钱的机会，同时鼓励孩子记账，培养数字观念。记账对于养成良好的理财习惯很有帮助，也能了解孩子的消费情况。

青少年时期的孩子好奇心重，面对新奇的东西总是按捺不住购买的冲动。家长不要强行遏制孩子的欲望，告诉孩子这不准买，那不准买。家长要通过让孩子记账的形式，让孩子明白自己的消费去向，同时帮助他们梳理什么是必需品，什么是非必需品。一段时间后，孩子的消费就会形成规律。

第三，帮助孩子学会积累和储蓄。

"月光族"就是不懂得如何合理规划金钱的使用，最终让自己陷入窘迫之地。在财商启蒙教育中，当孩子有了一定数量可自行支配的零花钱时，不妨准备一个储蓄罐，鼓励孩子将一部分零花钱放进储蓄罐，引导孩子用储蓄下来的钱去做更有意义的事情。可以规定所有收入的多少用于储蓄，通过储蓄来应对紧急情况，同时储蓄的金钱也要保持资产增值，至少能应对通货膨胀。

第四，带孩子走进银行，进行投资启蒙。

家长可以有意识地让孩子学习一些简单的理财知识，告诉孩子将钱放在银行里可以做什么，让孩子对银行有一个初步的了解；还可以讲讲各种教育储蓄或保险的作用，让孩子通过投资知道使钱生钱的意义。孩子财商的养成是一个循序渐进的过程。在这个过程中，家长起到引导与监督的作用，并适时传授给他们一些理财方法。

亲 子 游 戏

游戏名称：今天我是家庭采购员

游戏目的：通过游戏，让孩子理解父母工作的不易，养成正确的消费观念和金钱观。

游戏过程：组织一次由孩子主导的购物行为，让孩子主导采购一次家庭的必需品。

游戏要点：在行动之前，在孩子的主导下制订采购计划。在制订计划的时候，家长可以提一些看似"不太合理"的个人需求，看孩子的反应。在采购过后，要组织一次家庭讨论，讨论购买物品的合理性。

习惯 3 社交恐惧——孩子"胆小"怎么办？

案例故事

小牧的妈妈为了锻炼 6 岁的儿子，带着他参加了一个户外的野营亲子活动。

第一个环节是家庭介绍。每个孩子要上台向大家介绍自己的家庭成员。按照报名的先后顺序，很多孩子都非常顺利地完成了自己的家庭成员介绍。

但是，当主持人叫到小牧的时候，他有些害怕，不敢上台。现场的其他家长和孩子不知道发生了什么情况，议论纷纷。

小牧妈妈觉得非常没面子，说："你这孩子怎么回事？咱们在家不是都练好了吗？你有什么害怕的？别的小朋友都这么勇敢，怎么你就不行？"小牧当时本来就很紧张，听完妈妈的话瞬间就哭了，非常委屈。现场的气氛一度尴尬。

主持人赶忙安慰道："小牧妈妈，您先别急，也许小牧还没准备好，先让别的小朋友讲，等小牧调整好了再让他上台。"

可是，小牧妈妈非常坚定："小牧会说！他在家里说得好好的！"

然后对着孩子说："你上不上台？你要是不去我就不要你了！"小牧听完，哭得更厉害了。小牧妈妈实在没办法，跟主持人说："不好意思，我家孩子就是胆子小，这次就是想带他来锻炼的……"

"我家孩子就是胆子小……"就这样，小牧被妈妈贴上了"胆小"的标签。小牧真的胆小吗？

🎯 理论分析

人生下来，就拥有了不同的气质禀赋。心理学中人的气质分四种：多血质、胆汁质、黏液质、抑郁质。比如，黏液质的人安静、稳重，往往话少，表现得所谓"内向"；多血质的人则表现得热爱交际、能说会道、活泼好动。其实，这里没有绝对的好或者不好。黏液质的人安静、话少，但同时比较谨慎，少闯祸，"安全系数"高。多血质的人热情好交际，但是缺少耐性，不容易坚持。

所以，孩子胆小，往往只是大人眼中的"胆小"，是家长对于"完美小孩"不切实际想象的一个投射。很多孩子在面对陌生环境时，就特别"胆小"，特别不爱跟别人接触，连眼神交流都很少，很多家长也会觉得特别没有面子，每次带孩子出门，家长都要为孩子会不会跟别人打招呼做心理建设。但是，作为家长，我们一定要明白，孩子其实并不是胆小，而是处于成长期的孩子，社会化才刚刚开始，他们需要有建立和环境联结的过程。随着频繁地跟环境"你来我往"，他们会发现，这个世界原来挺好的，就慢慢放下了戒备，其社会化进程就这样自然推进了。

名家观点

现代社会，一个人的成功30%靠才能，70%靠人际交往。

——卡耐基

伙伴对孩子社交能力的培养很重要，童年时期缺少玩伴，日后容易孤单、焦虑，遇事也容易退缩，甚至影响成年后的人际关系。

——美国《心理学年刊》

教师支招

1. 和孩子进行情感交流

经常和孩子一起玩，建立亲密的情感，让孩子知道自己被爱、被认可，这是孩子与同伴、朋友交往时自信心的来源。

父母的爱是孩子向外发展、探索外部复杂的人际关系时的指路明灯。和孩子一起玩、出游，也是操劳的父母减压的好方式。

2. 丰富孩子的知识

想要锻炼孩子的交友能力，那就不能忽视他们知识的扩充，建议父母平时在周末或者节假日带孩子去图书馆阅读书籍，或者到户外进行一次旅行等。

这样做不但可以增强孩子的语言能力，而且能为以后和其他小朋友提供聊天素材。

3. 允许孩子有异性伙伴

许多家庭都有一个非常有趣的现象，父母一看到孩子接电话、看短信或微信，就会问："男的女的？"这反映了父母的一个认识误区，那就是青春期的男孩和女孩交往多了会出问题。

中年级的孩子，有的已提前进入青春期。这个时期男孩和女孩的交往的确需要关注与指导，但孩子需要有和异性相处的经验，因为社会本身就是由男人和女人组成的，孩子迟早要面对。况且孩子长大以后总要面对恋爱、婚姻等两性问题，所以，强制不如疏导，回避不如面对。青春期时就有与异性交往经验的人，通常会表现得自信、得体，这是很重要的人生体验。当你剥夺了孩子体验的机会，本质上就是剥夺孩子成长的机会。

因此，要做开明的父母，要允许儿子或女儿有异性伙伴。当然，这里的伙伴是真正意义上的朋友，而不是恋爱中的男女朋友。这种交往有一个基本原则，那就是和异性交往不能经常是一对一的交往，而主要是群体交往。

4. 鼓励孩子交 5 个以上的好朋友

孩子在成长过程中，主要受到来自家庭、学校、同伴和社会的影响。10 岁以前，家庭的影响力最大，这时的孩子最渴望父母的陪伴，最在意父母的评价，遇到困难或有心事时，父母是他们倾诉的首选对象。

然而随着年龄的增长，同龄人的影响力渐渐超过了父母。进入青春期后，孩子更愿意和同龄人在一起，更渴望被同龄人接纳。这不仅仅是情感安慰的需要，也是相互学习、相互影响的需要，也就是成长的需要。

另外，孩子进入青春期后，时常感觉压力很大，因此特别需要宣泄式的倾诉。

如果孩子有要好的知心朋友，彼此诉说，宣泄情感，就可以大大缓解成长中的压力，发泄青春期莫名的惆怅与苦闷。相反，如果孩子没有自己的朋友圈子，情感无从宣泄，父母又不能及时发现孩子的异常情绪，就很容易出现问题。

孩子只有一两个朋友是不够的。孩子们可能会因为各种原因分多聚少，而且只有一两个朋友，性格、角色也不太丰富，所以，应尽量鼓励孩子交 5 个以上的好朋友，使他体验到被友谊环绕的感受。

5. 鼓励孩子面对面交流

为什么提到这个呢？其实我们平时观察自己和周围的人就会发现，聚会的时候，大家都忙着看手机，根本没空搭理身边的人。孩子也是一样。

中国人民大学心理学院的雷雳教授认为，中、高年级小学生已经进入青春期，具有确定自我认同、关注别人评价等心理需求，如果在身边的人群中得不到满足，就容易沉迷于网络社交。因此，亲子之间和同伴之间面对面的密切交流必不可少。

越是现代生活，越需要丰富的情感交流，一个善于面对面交流的人，会有更强的适应能力。

6. 欢迎孩子带朋友回家

如果你家里打扫得一尘不染，有几个调皮的男孩子想进你的家门，你会欢迎他们进来吗？你会诚心诚意地招待他们吗？如果你这么做了，家虽然被搞乱了，却成了孩子们的游戏天地；如果你拒绝了孩子们，甚至哪怕稍有不悦，敏感的小精灵们都可能敬而远之，还可能会疏远你的孩子，"哎哟，你妈的那张脸，真凶啊！"

说这个例子，是希望父母明白，不同的态度必然会有不同的结果。

相信家长肯定同意，让孩子拥有伙伴并快乐地生活，比房间的整洁、漂亮重要一万倍！

另外，在方便的时候，父母可以和孩子朋友的父母接触一下，借此了解对方的家庭，也可以几个家庭共同开展一些活动，让孩子在快乐的活动中相互学习，取长补短。

7. 不要操之过急

对待胆怯型的孩子，创设一个没有压力的环境非常重要。当孩子不愿意与其他孩子相处时，父母不能硬逼着孩子去和小朋友一块儿玩，因为害羞的孩子比较喜欢一对一交往；当孩子不愿意在客人面前表现时，也不要强迫他，因为这样做会加剧孩子的紧张，将来会以更多的沉默和拒绝来应对，使害羞升级。

总之，对于内向胆小的孩子，父母不要一味地责备，要充分地陪伴孩子，从孩子的角度考虑问题，鼓励孩子多出去活动，可以陪孩子一起打球、跑步，带着孩子去参加朋友间的聚会，或者去自己工作的地方，看大人是如何交往的，让孩子学会与人相处的方法，让孩子看到生活的多彩。父母可以让孩子多参加一些集体活动，刚开始的时候，也许孩子无法接受，父母要有耐心，并且要不断鼓励孩子，并且允许孩子犯错，也可以用一些实质性的奖励品激发孩子的兴趣。

亲 子 游 戏

游戏名称： 我是演说家

游戏目的： 通过游戏，提升孩子的表达欲望，增强孩子在他人面前发言的勇气，提高孩子的社交能力。

游戏过程： 游戏开始之前，要布置这样的场景：前面是一个大舞台或者演讲席，隔开一段距离再设置观众席位。父母和孩子共同拟定卡片上的话题。制作完话题卡片后，给大家时间去熟悉，查阅资料。轮流抽取卡片，针对卡片上的话题做一个5分钟的演讲。如果不想演讲，则要接受惩罚，这个惩罚也必须要在舞台上完成。

游戏要点： 制作话题卡片必须全员参加，给大家熟悉话题的机会。父母在孩子发表演讲的时候，要全神贯注，给予支持。父母的发言，不能做到尽善尽美，以免挫伤孩子的积极性。

习惯 4 电子产品——如何避免孩子对电子产品上瘾?

📖 **案例故事**

《钱江晚报》报道,某一天夜里,妈妈怕 11 岁的小辛睡觉时踢被子着凉,于是摸黑走进小辛房间,却发现小辛把头埋进被窝,猛一揭开被子才发现小辛正拿着手机玩游戏!几天后,小辛说"眼睛痛得睁不开",于是就来到医院检查。当时,检查的医生吓了一大跳:"这哪是一个 11 岁小朋友的睑板腺,五六十岁的人的情况都比这个好!"这是怎么回事呢?原来,小辛这两年多来一直偷偷地躲在被窝里玩游戏。这时候,小辛妈妈才悔不当初。她告诉医生,从小她为了让孩子安安静静吃饭,就拿手机给孩子玩;孩子一哭闹也是拿手机哄;上了小学之后,为了联系方便,便把旧手机给了孩子,也没多想;要是多花点心思了解孩子,也不至于让孩子的眼睛变成这样。

据《台州晚报》报道，10月4日早上，孙女士看到一条10月3日晚10点多扣费188元的信息，就觉得很纳闷，因为她前一晚早早地睡觉了，怎么可能产生消费呢？她细细一想，前一晚10岁儿子一直用她的手机玩游戏。这笔钱可能是儿子误花了。随后，孙女士翻阅自己微信钱包时，竟然发现了一笔又一笔"莫名其妙"的支付记录，总额达到12.7万元！这时候，孙女士完全震惊了，"这些难道都是儿子花出去的？"经询问，这些钱都是儿子花出去的。原来，儿子记住了她的支付密码，于是在玩游戏时成功支出了一笔又一笔的钱，同时为了避免大人发现，还删掉了手机扣款短信及微信支付信息！

理论分析

这是一个非常典型的用电子产品"喂养"无人关注孩子的场景，但同时，很多父母担心孩子对电子产品上瘾，所以在家里又全力控制孩子，不让孩子接触电子产品，尤其是手机、游戏机这类娱乐性比较强的电子产品。但是，这个做法有可能带来相反的效果。

很多人说，游戏和电子产品是当代的"精神毒品"，这似乎有点危言耸听。但是，不可否认的是，新技术一直在不断地重塑我们的生活方式，也在裹挟着我们呼啸向前。现在，我们已经进入了移动互联网时代，孩子将不可避免地接触电子产品。今天想要孩子和电子产品完全绝缘的可能性是非常小的，即使父母在家里严防死守，他们在外面和其他小朋友玩的时候也会接触电子产品。而到那时，孩子对于别的小朋友能玩，自己却玩不到的东西就会产生更大的好奇心和更加强烈的渴望。这种恶补式的渴望，可能会让父母的严防死守变成一种巨大的风险。

所以，我们不要无原则地屏蔽孩子接触电子产品，而是用一定的方法，把它合理地融入我们的生活中，引导孩子学会适度地使用电子产品。

但是，很多父母会因为比较"偷懒"，从而出现一些错误的做法。比如，在孩子小的时候，为了哄孩子省事，就让孩子用手机看动画片、玩游戏，把手机当成一种奖品和安慰剂。这样的习惯一旦养成了，孩子不断长大，父母担心他对手机上瘾再想给孩子做阻断和隔离，反而对孩子电子产品成瘾反向推波助澜。有句话说得好，父母现在偷的懒，都是自己未来要迈的坎。

💡 名家观点

成瘾是一种逃避和替代行为，但发生的源泉不在外界，而在自身，包括兴趣狭窄、性格不良、缺乏自我控制力的培养、逃避压力等。

——李玫瑾

🖥 教师支招

在电子产品"野蛮生长"的今天，孩子使用电子产品不再是新鲜事，但如果孩子使用成瘾的话，父母就需要注意了。沉溺于电子产品或网络对孩子的身体健康及成长发育都不是好事。

1.陪伴并丰富孩子的生活

很多时候孩子玩手机，是因为没有父母陪伴他。所以，在孩子小的时候，父母就要和电子产品抢时间。

怎么抢呢？父母可以陪孩子一起做手工，画画，带着孩子去捡树叶，回来做贴画，踢球，放风筝，钓鱼，溜冰，拼乐高，去公园走走。

在家也可以带着孩子做一些小实验、小游戏。孩子是很愿意和父母一起玩耍的。如果孩子觉得很有意思，并且很开心，他自然就不会一心想着玩电子产品了。

2. 跟孩子明确约定使用电子产品的时间

父母需要在孩子情绪很平和的时候，和孩子达成约定：可以使用电子产品，但是要遵守时间规定，比如一次 10 分钟，具体时间根据孩子的年龄而定。可以设置一个闹钟，时间一到，就交还手机给父母。如果违反一次，那么就减少一次玩手机的机会，或者减少时间。

家长不能没有任何约定就突然让孩子停止玩手机，当孩子正玩得起劲，被迫戛然而止，很容易产生逆反心理。父母在执行时，需做到"温柔而坚定"，不对孩子发脾气，但是必须遵守约定。

3. 把电子产品当成辅助工具使用

有些父母觉得电子产品犹如毒蛇猛兽一样，其实，也没有这么恐怖！父母可以明确告诉孩子手机、电视的作用是什么。可以把手机当音乐播放器，让孩子学着唱歌、跳舞，查一些资料，在手机上搜索孩子感兴趣的，投屏在电视上也可以。有很多方法可以把电子产品转化成教育孩子的辅助工具。

4. 父母反省自己的态度

如今，大多数父母都无法忍受离开手机和没有 wifi 的生活，他们对电子产品的依赖已经成为孩子模仿的源头。

此外，由于父母陪伴孩子的时间少，孩子很容易对电子产品上瘾。因此，在孩子面前，父母必须少使用手机，多陪孩子，和孩子玩游戏、聊天，让孩子在亲子活动中感受到父母的爱。

亲 子 游 戏

游戏名称：手机监狱

游戏目的：通过游戏，让孩子意识到手机的使用要有度，避免沉迷于手机世界当中。

游戏过程：父母和孩子制作一个类似于监狱的容器，但是不要密封，要看到手机的情况。父母和孩子都要把自己的手机放在这个容器当中。谁的手机先亮了，就要受到惩罚，可以是唱歌、跳舞、深蹲等。如果忍不住主动要求取出手机进行操作，则要受到惩罚。但是，如果忍住一段时间没有操作手机，则可以获得奖励。

品德 1 意识主导——孩子总爱顶嘴怎么办?

📖 案例故事

小美不仅喜欢吃零食,还特别享受躺在沙发上吃。每次吃完,小美都会尽可能把卫生收拾干净。尽管这样,妈妈也总是以此批评她。后来,妈妈越是说,小美就越弄得脏,最后干脆不收拾了,一副什么都不在乎的样子。

时间久了,每当妈妈说:"小美,不要在床上吃东西,把床弄脏了!"

"我就要在床上吃,我愿!"小美又拿出她的那个赖皮样。

"看你的房间,脏得像个猪窝!"

"我就喜欢住在猪窝里,你管得着吗?"

"你哪里像个女孩子?女孩子就应该有女孩子的样子,你能不能稍微注意点啊，改掉你这个坏毛病！"

"你自找的，谁让你收拾了！我就这样了，你怎么着吧！"

"你这孩子说话怎么这样气人呢？"妈妈开始发火了。

"我气人？是你！"小美扔下这句话，又躺倒了床上，顺手拿了一包薯条吃起来。

"唉！真是我前世欠你的……"妈妈无奈地只好由着孩子去了。

母女俩你一句我一句地吵架，几乎每天都要爆发这样的"战争"。最后还是妈妈吵不过孩子，败下阵来，一走了之。妈妈十分生气，女儿继续躺在沙发上吃她的零食。

🎯 理论分析

孩子爱顶嘴，相信这是很多父母都有的感受。我们先要来看看，到底什么样的行为是顶嘴。如果违背父母意愿的意见表达就叫顶嘴，那么，父母是否允许孩子表达自己的观点呢？如果允许，那就不算顶嘴，只是观点之争；如果不允许，那就是顶嘴。可是，为什么不允许孩子表达不同意见呢？

有些父母可能会觉得，"一个小孩，他懂什么？听他的干什么？"孩子作为一个独立的人，拥有发表自己观点的权利。有一句话说得好，"我不同意你说的话，但是我坚决捍卫你说话的权利"。父母允许孩子自由表达意见，这代表着对孩子的尊重。

不要以为允许孩子表达观点的做法，仅仅是对孩子有利的，其实对父母也有益。当孩子知道父母是尊重他的，是给他自由表达空间的，那么当他遇到人生困境时，比如遭遇欺负，或者未来恋爱时遇到问题，或者面对一些人生重大抉择拿不定主意时，孩子会主动来找父母倾诉。

如果在原生家庭中，父母不给孩子表达的机会，会发生什么呢？人都是趋利避害的，孩子也如此。孩子跟父母沟通，表达自己的观点，却被制止，甚至遭到训斥，那孩子日后一定就不爱跟父母沟通了。他内心有什么秘密或痛处，宁可跟全世界说，也不会跟父母说。糟糕的亲子关系就这样产生了。等到父母意识到，"为什么孩子都不爱跟我说话"，可能就为时已晚了。

父母常常存在一些误区。在以下阶段，孩子的行为并不能被认定为顶嘴。

第一，孩子进入自主意识敏感期。

孩子进入自主意识敏感期，会变得对父母的指令不再言听计从，而是按照自己的想法去尝试、探索。同时，通过说"不""不要"等强调自我意志的存在。孩子的行为表现是完全以自我为中心的。如果事与愿违，孩子就会大哭大闹，甚至极力反抗。看上去孩子在顶嘴了，其实只是自我意识建立初期的外在表现。

第二，孩子进入青春期。

一般来说，孩子在 10 岁左右会进入青春期。青春期的最大特点是，孩子出现一种深层的"大人"感。他会觉得自己已经长大了，为了证明这点，会刻意说出自己独立的想法，展现出特立独行的特点，比如，爱穿奇装异服。在这个阶段，孩子也容易跟大人顶嘴。但这是青春期的激素和心理发展阶段决定的，孩子并不一定是成心要跟父母对着干。

孩子的顶嘴，如果发生在上述两个特殊成长时期，是值得庆贺的。因为这意味着，孩子进入了一个崭新的人生阶段。

那如果在这两个阶段以外，孩子出现了顶嘴的现象，父母就要正确对待了。

💡 名家观点

批评不仅仅是一种手段，更应是一种艺术，一种智慧。

——马卡连柯

📱 教师支招

1. 控制好情绪，遇事冷静，赏罚有度

无法有效地让孩子停止顶嘴的父母，往往自控能力也比较差，在教育孩子时不免粗暴、急躁，而这种不当的处理方法往往很容易伤害孩子的心灵。

无论孩子犯了多大的错，父母都不要急躁，先要问清事情的来龙去脉，再决定处理方法，不搞连带处罚，不翻旧账。赏罚前，要讲明道理，让孩子彻底信服。

2. 主动了解孩子的意图

在孩子顶撞父母时，父母应该问问自己："究竟发生了什么？这个小家伙想怎样？"当明白了孩子的意图后，父母就会理解为什么突然之间这孩子变得那么粗鲁。从孩子的角度考虑问题，有助于父母缓和自己的情绪。

3. 提醒孩子改变说话方式

父母直截了当地对孩子说"不许顶嘴"，还不如说"我理解你的感受，但是你能换一种口气说吗？"或者说"我不喜欢你这样说话，你可以慢慢用你的道理说服我"。

如果孩子正在气头上，父母也可以说："我知道你现在很生气，等你冷静下来我们再谈，好吗？"

4. 注重言传身教

孩子的模仿能力很强，如果父母自己都时常跟爱人吵架，跟老人发生冲突，那管教孩子的力度就可想而知了。

因此，父母多多以身作则，平日处事平和，不急不躁，遇到长辈时言行尊重，孩子自然会听从教导。

5. 减少对孩子的溺爱举动

所有的父母都知道溺爱的害处。因此，全家要统一阵线，如果孩子明显是不讲道理地顶嘴胡闹，全家的态度要一致，不能有的吵、有的哄，要让孩子承受胡闹的后果。而当他变得讲道理时，则要用鼓励的言行强化他的转变。

6. 营造民主的家庭气氛

为了让孩子有话可以轻松地讲出来，父母不应该时刻以权威自居。不妨在家里营造出足够的民主氛围，谁说得有理就听谁的，并且鼓励孩子随时讲出自己的感受，随时化解孩子的委屈。

其实父母越这样做，孩子越会理解和认同父母。反之，如果父母总是以"大"压"小"，长此以往，反而可能导致孩子在日后形成逆反或逃避的心理。

7. 给孩子申辩权利

即便知道他们在狡辩，也要耐心听他们把话讲完，然后因势利导，帮助他们认识到自己的错误。

条件允许的话，还可以让他们将功补过，弥补过错。这往往是他们最乐于接受的。

对于孩子的顶嘴现象，父母不可一味地埋怨孩子、压制孩子，要了解孩子顶嘴背后的原因，积极引导孩子并改变自己的教育方式。

亲 子 游 戏

游戏名称：水手与乘客

游戏目的：通过游戏，增进亲子双方之间的理解。

游戏过程：在地上铺一块毯子，代表小船。一人在"小船"前面做"水手"，拉动"小船"前进。其他人作为"乘客"站在"小船"上。全家人相互配合（向上跳起，使"水手"可以拉动"小船"），由"水手"慢慢拉动"小船"，到达终点线。

游戏要点："小船"最初停靠在起始线外；"乘客"不许接触除"小船"外的任何物体。到达终点线后，交换角色，由另外一人扮演水手拉动"小船"，再返回起始线，直到全家人都做过一次"水手"。父母要多多鼓励孩子，不命令孩子该怎么做，要让孩子有机会发表自己的意见。

品德 2 谎言背后——孩子撒谎怎么办？

案例故事

　　小丽今年 9 岁了，开学就要升级为四年级的小学生了。可是令妈妈万万没有想到的是，原本乖巧、懂事的小丽，竟然开始频繁地对家长和老师撒谎了。事情的起因是这样的，小丽不想学钢琴，希望待在家里看看动画片、玩玩手机。可是她知道不去学琴，妈妈一定会批评她，所以即使不想学琴，也不敢在这件事情上偷懒。有一天晚上，她听到妈妈对爸爸说："明天是结婚纪念日，你不要上班了，我们出去好好庆祝一下。"结果第二天一早，小丽真的听到爸爸在给单位打电话请假，理由却是今天身体不舒服。这样一来，小丽有样学样，等妈妈再让她去学琴的时候，她也说身体不舒服。起初，妈妈还很关心地问她哪里不舒服，结果小丽红着脸、支支吾吾说不出来。通过对小丽言行的观察，妈妈很快就发现了小丽是为了不去学琴，在装病欺骗自己。对于小丽的行为，妈妈左右为难，既怕当面拆穿小丽让孩子受到伤害，又怕不及时指正，孩子以后习惯性说谎。

🎯 理论分析

说谎是一种用语言虚构、捏造事实来掩盖自己的意图，或用不正确的方式隐瞒部分或全部事实的欺骗行为。因为撒谎具有欺骗的性质，所以常被看作一种不能容忍的品行问题而受到谴责。

自20世纪80年代以来，研究者在皮亚杰的说谎概念及其道德评价研究的基础上扩展并修正了有关方面的研究。目前研究者普遍接受的观点是，如果一种言语表述被认定为说谎，必然满足下面三个关键的成分：事实——言语是否符合真实，意图——说话者是否有意欺骗，信念——说话者是否相信自己所说的。

中年级的学生已具有了一定的同理心，他们之中也会出现因考虑他人感受、不想伤害他人而说谎的现象。不仅如此，孩子还会为了避免让父母失望或者受到惩罚而说谎。这意味着孩子有了基本的社交意识。孩子谎言的背后，往往隐藏着不敢说出来的要求、希望或恐惧。应对此阶段孩子的说谎行为，父母若能用心倾听孩子的谎言，仔细揣摩孩子的心理，就能解开孩子谎言背后的内心"密码"，从中获取真实信息，走进孩子的内心世界，切实给予孩子帮助。

💡 名家观点

孟子说："诚者，天之道也；思诚者，人之道也。"意思是，诚信是自然的规律，追求诚信是做人的规律。所以如果违背诚实，就是逆规律而行，这样一般是走不长远的。

教师支招

儿童的说谎行为让很多父母倍感焦虑：孩子小小年纪竟然学会了说谎，长大以后可怎么办呢？其实，说谎是儿童成长过程中必然会出现的一种现象。说谎的背后，原因不尽相同，有的是因为假想、有的是因为攀比，有的甚至是对成人的模仿……

要纠正孩子说谎，首先要正确区分说谎的性质。孩子偶尔说谎，可视为天真、幼稚，或为了掩饰错误，保护自己。但长期说谎并从中得到益处，今后常会采用说谎和欺骗来达到自己的目的。儿童说谎，是一种不敢正视某种事实的表现。在种种利害关系面前，他们采取逃避不利、趋向有利的选择，实际上是错误的。教育者要将有意说谎与无意说谎区分开来，对有意说谎者一定要严格教育，而对无意说谎者，则要正面引导。

辅导矫正策略如下。

1. 了解说谎动机

孩子说谎都有一定的心理原因。了解其动机，父母才能找到矫正之法。小丽撒谎和父母的行为有着密切的联系。父母是孩子的第一任教师，也是孩子重要的模仿对象。因此，父母首先要做到言行一致、做正直、诚实的人。父母要尊重、关心孩子，宽容、真诚地接纳孩子，使之感受到安全、温馨、被信任。不会挨批评、受罚，孩子才会大胆说真话。唯有这样，孩子才会正视自己，反思自省，乐于改正。反之，孩子说了真话又得不到信任，或受到不公正对待，就会强化其说谎行为。

2. 引导自我教育

这是纠正说谎行为的有效方法。孩子容易在有压力的环境下说谎，那么可以通过自我心理调节，设法减少外界环境产生的压力，这实质是减少了自己说谎的机会。引导孩子寻找说谎的危害的资料以自学、思考。通过自我教育，孩子懂得说谎将贻害无穷。巴金曾说过："说真话不应当是艰难的事情……自己想什么就说什么；自己怎么想就怎么说——这就是真话。"只要懂得诚实，遵守纪律，又有一定程度的自由，是能够改正说谎行为的。父母要使孩子自觉地思考、体验，才能形成孩子良好的心理和品德。自我教育主要是通过加强孩子的自身修养和实践锻炼来进行的。最初阶段，辅导者可以有意地进行一些训练，等孩子能分辨是非曲直、掌握正确处理方法后，遇到事情就能头脑清醒地克制自己，真正地做到表里如一了。

3. 自我暗示鼓励，形成改正内驱力

暗示就是不加批判地接受一种意见或信念，从而导致自己的判断、态度及行为方式改变的心理过程。积极的自我暗示能产生巨大的内驱力，使人自信、自强不息。一般的做法是，把自己的优点、长处写在纸上，激励自己去完成目标或改正行为。如"说谎害人害己，要彻底改""我一定能改掉说谎的坏习惯"，不断鼓励自己坚持良好行为。坚持自我暗示，就能逐步改掉坏习惯。

4. 将说谎消灭在"第一次"

孩子说谎往往是日积月累而成的，而且这种不良行为一旦形成，纠正起来就比较困难。孩子第一次说谎时，内心矛盾重重，想承认错误，又怕失去信任。因此，父母要有敏锐的观察力和判断力，抓住孩子第一次说谎的"时机"，及时引导，使之感到没必要说谎，进行彻底的自我反省。

5. 示范晓理导行，让孩子养成说实话的习惯

教师、家长要以身作则，起表率作用，不可用谎言来掩饰自己。家校保持密切联系，合力共育孩子，不给说谎行为可乘之机，努力使孩子养成实话实说的好习惯。树立"说真话，不说谎"的同学为榜样，形成"实话实说"的人是受人尊敬的观念、舆论，提倡在学习和生活中坚持实话实说，有困难、有麻烦及不愿意做的事，都当面讲清楚，不阳奉阴违，不为利害和权势所动。

6. 实施行为疗法，自我观察管理

对说谎时间长、难以自控的孩子，还要开展行为疗法。家长可以与孩子协商，以签订合约的方式，直接帮助孩子自我观察、自我管理，消除、纠正不良行为。当孩子出现良好行为时，及时给予奖励和肯定的评价，使之保持、巩固、发展；未能完成目标，则按约定给予自我惩罚，以示警醒。可设"每天目标行为自评表"，自己如实填写，教师、家长或小伙伴负责督促。持之以恒，定能改变。

亲 子 游 戏

游戏名称：诚实的气球

游戏目的：通过游戏，让孩子认识到说谎行为会失去他人的信任，以启发孩子诚实守信。

游戏过程：事先准备一只气球，用彩笔在上写上"诚信"两个字。家长和孩子轮流说一些天马行空的事情，每说一件不够诚信的事情，就用打气筒往气球中打一次气，直至气球即将爆裂。

游戏要点：父母要配合孩子说一些"不靠谱"的事情。游戏过程中，孩子发现气球即将爆炸想停止游戏，或者游戏一直持续到了气球爆炸，都是正常的情况。我们要针对不同的情况对孩子即时发问来启发孩子：说谎就像是在给气球充气，虽然有的时候不会看见明显的后果，但是最终的结果必然是气球爆炸，也就是失去别人的信任。要避免气球爆炸情况的出现，一开始就不要说谎，如果说谎了，及时改正才是正确的行为。

品 德
3 统一战线——如何避免孩子做"小两面派"？

📖 **案例故事**

一个幸福的妈妈有一对可爱的双胞胎儿子。一天，她表情复杂地讲述了这样一个故事。

孩子妈妈一直特别注意给孩子们养成良好的卫生习惯和生活习惯，所以，一直跟孩子强调，睡前不能吃东西，尤其不能吃甜食，那样容易积食和蛀牙。可是每天晚上，两个孩子都会到爷爷、奶奶的房间里，关上房门。

每天都是如此，这也引起了妈妈的怀疑。有一天，这位妈妈在客厅眼看着孩子们又进了爷爷、奶奶的房间，还快乐地关上了房门。她越想越不对劲。平时两个孩子到哪儿，可都是掀翻天的，但是屋里静悄悄的。她就轻轻走到房间门口，侧耳听了听，真是一点声音都没有。别是有什么事，就一推门，被眼前的景象惊呆了：四个人居然围坐在床上，拉扯着一袋爆米花吃。

妈妈不得不在心里抱怨："我不让孩子吃甜食，爷爷、奶奶背着我让孩子吃，这怎么把孩子管好啊？！"

🎯 理论分析

家庭成员针对教养方式意见不统一的现象在生活中很常见。除了这位妈妈担心的孩子"不好管"之外，长此以往，还可能把孩子教成一个"小两面派"。

有人可能想反驳："哪有这么严重？你太大惊小怪了吧？"真的有这么严重！

在很多家庭中，不同的家庭成员在教育孩子时会扮演不同的角色。比如，妈妈扮"红脸"，爸爸扮"白脸"。孩子会发现，妈妈很严格，爸爸好说话。他会逐渐探索出在妈妈面前该做什么，不该做什么，在爸爸面前可能就无所顾忌、放飞自我。有些家庭的教育环境更复杂，爷爷、奶奶或姥姥、姥爷可能也和孩子一起生活，老人疼孩子，爸爸、妈妈也不敢顶撞老人。

在这样缺乏统一教育标准的环境里，孩子内心就无法建立起一套行为规则。这样一来，孩子和父母相处时是一个状态，和爷爷、奶奶相处时是另一个状态；跟妈妈在一起说一套话，跟爸爸在一起又换一个行为方式。孩子对于标准规则没有认识，甚至很难分清是非对错，只知道跟谁在一起，就以谁的个人价值取向作为行动指南。这就是典型的"两面派"行为。

一旦从小埋下"两面派"的意识，孩子会在行为上表现得淋漓尽致。等长大一点，孩子会在学校非常守规则，一回到家就变身"小魔王"。有妈妈会抱怨："孩子就听老师的，我说话根本不管用。"其实，这个现象的形成有一个重要原因，就是学校和家庭的要求标准不同。老师有一套固定且严格的教学制度，几点上课、几点吃饭、几点休息，什么时间做什么事情，都规划得清清楚楚，严格执行。而且表现得好，孩子会得到相应奖励，违反规则会有老师批评。可是，家里并没有像学校一样的规章制度，如果家人的教育规则再不统一，孩子当然可以"找空子"，变着法儿地放飞自我。父母只能被折腾得焦头烂额。

那么，如果长期没有标准规则去约束，孩子长大以后步入社会，会变成什么样子呢？这其实会给孩子的社会适应性带来很多负面影响。他会仰人鼻息，看人下菜碟；遇到严厉的人，就去讨好；遇到好脾气的人，就得寸进尺。

但这样的人很可能是无辜的，他其实无意如此，只是本能地把自己在原生家庭的相处模式放到了社会中。他对社会规则、交往边界没有清晰的认知。他意识不到问题到底出在了哪里，因为从小到大都是这样的状态，而造成这一切结果的，恰恰是养育他的原生家庭。

💡 名家观点

在每个孩子心中最隐秘的一角，都有一根独特的琴弦，拨动它就会发出特有的音响，要使孩子的心同我讲的话发生共鸣，我就需要同孩子的心弦对准音调。

——苏霍姆林斯基

🖥 教师支招

1. 在家也要立规矩

孩子成为"两面派"，最主要原因是家人过于宠爱，孩子在家没有原则，不守规矩。这样一来，孩子很难适应外面的环境。

在家庭中，教育孩子要尽量保持一致的态度。发现孩子对老人说话态度冲，这样的行为是坚决不允许的；对于合理的要求可以满足，但是对不合理的要求，即使孩子哭闹，也不能迁就；教会孩子，用一种平静、冷静的方式说话，用眼神去交流；当想要某样东西时，用"请求"而非"命令"的语气。

一旦孩子开始理解这些规则，家长就会发现，他们在外面与其他人讲话时，会变得更加自然。

2. 不给孩子贴标签

很多家长喜欢给孩子贴标签，例如，孩子到外面变得不爱说话，家长会说"这孩子一到外面就成了霜打的茄子，蔫蔫的""我们家孩子一直都是这样"。

这样的做法是错误的，孩子在家"独霸一方"，在外成了"小绵羊"。家长首先需要摆正态度、正视问题，孩子还在成长，一切都还可以教育，所以不要随意给孩子贴标签。

3. 多给孩子创造社交机会

"两面派"的孩子缺乏与外界打交道的经验，因此家长应多给孩子创造机会，多带孩子去户外玩耍，多接触同龄的小朋友，让孩子在玩耍中学会与人相处。

当孩子和其他小朋友发生了矛盾，只要没有危险，家长最好不要干预，相信孩子的能力，让他自己去解决矛盾，慢慢培养他的责任心和自信心，减少对家长的依赖。勇气不是天生的，也不是其他人给予的，都是在人际交往中逐渐获得的。

4. 教会孩子管理自己的情绪

"两面派"的孩子爱哭闹，爱发脾气，只要自己的要求没有被满足就会哭闹，一旦哭闹，家长就会立马满足他的要求。长此以往，他会习惯用这样的方式来提要求。这样的方式是不对的。

家长应当鼓励孩子说出自己的要求，描述自己的感受。当孩子情绪激动，说不出来到底为什么生气时，可以试探地去猜测孩子生气的原因，不管猜没猜对，都能释放孩子的情绪，然后再去解决问题。

或许一次、两次效果不明显，但是家长不要放弃，多鼓励、多引导，让孩子的情绪得到释放，让孩子渐渐地学会管理自己的情绪。

孩子处在探索世界的阶段，一切都还来得及。其实孩子"外面怂、家里凶"并不可怕，家长要掌握正确的教育方式。

不要因为孩子哭闹、发脾气而妥协，要制定规矩，严格执行，这样他在和别的小伙伴相处时，不会因为行为模式发生变化而害怕，而是会很快融入，和其他人也能打成一片。

亲 子 游 戏

游戏名称：冰块化了

游戏目的：通过游戏培养孩子的规则意识，让孩子意识到遵守规矩的重要性。

游戏过程：室外活动，轮流做发出"冰块化了"口号的人。当发号人说出"冰块"时候，大家都要保持不动，只有发号人再说出"化了"的时候大家才可以动。

游戏要点：无论是在哪个环节违反规则，要有相应的惩罚措施，如唱歌、深蹲。被惩罚的人要做下一轮的发号人。游戏的过程中要把握好节奏，不要过快地发号，减少游戏的娱乐性。另外，在游戏结束后，家长要引导孩子谈一下对这个游戏的感受。

品德 4 哭闹撒手锏——孩子总爱无理取闹怎么办？

📖 案例故事

"臭妈妈，我最讨厌你了！"

喊出这句话后，儿子头也不回地冲进卧室，"哐当"一声关上了门，留妈妈一个人站在原地发愣。

原来今天是儿子的生日，妈妈答应儿子今晚下班会给他买最爱吃的小蛋糕，却因为工作原因错过了买蛋糕的时间，没有买到蛋糕，就买了儿子平时喜欢的玩具作为礼物。回家后，妈妈跟儿子说明原因，希望能够得到儿子的谅解，但这下子可捅了马蜂窝——儿子得知今晚吃不到期盼已久的蛋糕，就像点燃了一枚炸弹，在家里乱发脾气，这也一下子点燃了妈妈的怒火。妈妈一把拽过儿子，照着他的屁股狠狠拍了两巴掌……

儿子使劲挣脱了妈妈的拉扯，转手摔碎了妈妈特意买来的玩具，冲进了房间，关上了房门，呜呜哭了起来。

妈妈心里五味杂陈：自己为了家庭，努力工作，今天由于工作原因，来到蛋糕店时，孩子喜欢的蛋糕已经卖完了，但妈妈及时补救，想着一定能得到孩子的理解。可眼前的这一幕，让妈妈的心里既难过又气愤。孩子爸爸也过来安慰妈妈，说："孩子这么大了，还是就知道无理取闹，不用管，一会儿就好了！"

◎ 理论分析

很多家长都说，孩子哭闹，家长不需要干预，我们将其称为"哭泣免疫法"。"哭泣免疫法"是行为主义流派创始人、美国心理学会主席约翰·华生在 20 世纪 30 年代提出的，曾经风靡美国，乃至全球。

华生在自己三个孩子身上都使用了"哭泣免疫法"。这三个孩子小时候看起来都很"乖"，但是他们成年后，一个自杀；一个自杀但没成功；还有一个终身流浪，靠华生的接济生活。这三个不爱哭、超级省心的"乖宝宝"身体里，都住着绝望的灵魂。

父母对孩子的需求不理不睬，对孩子来说，其实是很严重的灾难！父母及时的回应会给孩子带来安全感，让他们感受到自己是被看见、被接纳、被照顾、被爱的，是受到这个世界欢迎的。相反，如果父母不及时回应孩子，孩子感受到的则是不被看见、不被接纳、不被爱，他们会产生世界不欢迎自己的感觉。

尽管哭泣免疫法是针对婴儿的，但对大一点儿的孩子来说，同理可证。孩子哭了，或者提出需求，我们不搭理，一脸冷漠，这是在破坏孩子的安全感，破坏亲子关系。

有一个非常著名的黑屋实验，把一个四五岁的孩子和他的妈妈同时关到一间伸手不见五指的漆黑屋子里。屋里有灯，但没有开。没待一会儿，孩子开始呼唤妈妈，但妈妈没有作声。

孩子焦躁起来，迫切要求妈妈的回应。

妈妈说："回应有什么用？又不让开灯。"

孩子情急下说的一句话充满哲学意味："妈妈，你的回应就是光！"有的父母可能会想，面对孩子的"无理取闹"和"乱发脾气"，不发火、不回应、不理睬、冷处理，等他不闹。这够温和，没有问题吧？！

其实，这个"策略"透着一股浓厚的孩子气。戴上不搭理面具的父母，好像小孩，与自己的孩子冷脸置气。看着是没爆发，但绝对是不温和的，因为那张冷着的脸在释放暴力的能量。

💡 名家观点

听到父母说"不"时，一些孩子无法理解父母为什么会拒绝自己的要求。多数孩子哭闹的原因也是自己的要求没有得到满足。

——布鲁斯·格莱朗

📖 教师支招

常常听到家长说，"孩子越来越不好管了！""孩子不愿与爸妈说心里话，做事比较任性。""我不想让孩子那么做，可是他偏偏与我唱反调。"其实，这是孩子的叛逆心理在作怪。

小学生无理取闹、叛逆现象是他们走向成熟的表现之一。家长到底该怎么做呢？

1. 拒绝并不是只有"NO！"

试着用"可以"取代"不行"，先同意，然后再谈"条件"。给孩子提供更多选项。其实跟孩子沟通的过程，是一场心理战，沟通的氛围很重要。你说"可以"的时候要让孩子感觉到你是在做让步，说着同意却要表现出"不情愿"的情绪，那么接下来，他就"不好意思"反驳你提的"条件"了。

2. 给孩子提供更多可能

有时候孩子执着于一件事，并不是非这样不可，而是在他的思维里只出现了这一种可能性，不由自主地钻进了"牛角尖"。试想唯一的可能性被否决了，那是多大的心理落差呀。这样想一想，我们也可以理解他们为什么会歇斯底里也要争取某一件事、某件物品了。

3. 不要对孩子抱有成见

家长不要一看到孩子有独立意识的迹象就极力压制。要知道，父母的反应越激烈、越过火，孩子就越会坚持己见。家长要相信孩子能处理好自己所遇到的困难，这样做可以使孩子变得意志坚强、有主见、不怕困难、勇于担责。家长还应该帮助孩子从挫折中吸取教训，增长智慧和勇气。

4. 抓主要矛盾

家长不要对孩子的所作所为指手画脚。否则，孩子会反感。一位学生家长说得好："女儿爱好哪一种体育活动，爱穿什么颜色的裙子，都由她自己决定，我一概不管。但是，如果她过早地迷上化妆，或者利用过多的学习时间去玩耍，我就要采取适当的教育方法进行干预了。"

5. 尊重孩子的独立性

家长要给予孩子一定的"心理空间"，让孩子自由地探索；要尊重孩子的正确意见，让孩子感受到被了解、被接纳、被理解的滋味。不要随便代替孩子做决定，而要鼓励孩子发表自己的看法和见解，从小培养孩子的独立思考意识。

6. 建立友好的信任关系

家长要与孩子建立起朋友式的友好关系，能够交流思想，进行良好的沟通。如果家长与孩子发生语言冲突，那么家长一定要冷静，并且主动停止争辩；过一段时间，再择机开导孩子。要学会控制自己的情绪，不要随便对孩子发脾气，也不要把工作和生活中的压力发泄到孩子身上。

7. 倾听孩子的需求

家长即使很忙、很累，也要专心致志地听孩子说话。家长主动倾听孩子的心声，意味着关爱孩子、尊重孩子。同时，家长在倾听的过程中可以帮助孩子分析问题，并且提出恰当的解决方法，从而让孩子逐步学会自主、负责和独立。

亲子游戏

游戏名称：投篮高手

游戏目的：通过游戏，帮助亲子之间有效地沟通，促进家庭关系的和谐。

游戏过程：可以在室外的篮球场进行，也可以在室内模拟投篮。一人负责投球，但是要蒙起眼睛；另一人扮演教练，要负责反馈、指导、加油、鼓励和捡球。

游戏要点：负责投球的人站在合适的位置后，在蒙眼的状态下，向球筐投球。扮演教练的人，对投球手的投球行为进行指导和反馈，例如，这次偏左了，下次要向右投一点，再投一次试试；球有点低了，下次要投得更高一些！每投中一个球，教练都要与投球手一起庆祝胜利。注意进行交换角色，请孩子扮演教练，家长扮演投球手，继续游戏。

学业 1　畏难情绪——遇到困难就退缩怎么办?

📖 案例故事

进入中年级，学校开办了很多有趣的兴趣社团，同学们热情高涨，"建模社团"作为中年级学生的新兴事物，很快引起了同学们的关注。小杨和很多男孩子一样，也和几个小伙伴一起报了名。

社团活动开始了，老师下发了很多建模材料，在课上手把手地帮助孩子学会建模技巧。这对锻炼孩子的动手能力和思考能力都极有帮助。课后，老师布置了作业，请孩子们回家继续完成。

建筑模型制作比平时搭建积木难很多，大致可分为建筑单体制作、底盘制作、配景制作、布盘四大部分。项目配景制作很重要，一般包括树木、游泳池、假山、路灯、围栏等。其中，制作量最大的是树木。

小杨刚开始挺喜欢，但离开了老师的指导和帮助，动手做了好一会儿也没做出多少，看着剩余的一堆材料，就不想再继续了。

这时妈妈走过来，问孩子："宝贝，怎么不继续做手工作业了呀？"孩子回答："妈妈，我搭不上，不想玩了。"

妈妈说："这有什么难的啊？不就是按照图纸制作吗？很简单啊！你怎么遇到困难就放弃呢？这可不行啊！"

听完妈妈的话，小杨一脸的不高兴，还生气地把已经建好的模型"哗啦"一下推倒了，材料撒了一地。

🎯 理论分析

畏难是孩子特别常见的一种情绪。面对困难，很多大人都会知难而退，更何况尚未成年的孩子。

孩子面对困难想逃避，因素有很多，先不要着急给孩子贴上"畏难"的标签。很多时候，是因为孩子能力发展不足，还有一部分原因来自家长。

就像前面例子中让孩子完成建模作业的妈妈，她自己觉得建筑模型很简单，这是因为她的动手能力和思维能力足够支撑这个任务。但是，对于一个中年级的孩子来说，要把上百块小材料的全部搭完，确实很有难度。这位妈妈不仅没有从儿童发展的角度去理解孩子，还用大人的能力"打击"孩子，结果鼓励的作用没起到，反而让孩子产生抗拒心理，干脆放弃了。

如果这位妈妈此时马上将正确的建模方法直接做给孩子看呢？虽然初衷是让孩子觉得"并不难，你可以学着来"，但很可能会得到这样的结果，"妈妈，你做得更好，你来做吧"。要知道，大人眼中的"帮助"，在孩子看来常常是"碾压"。

时间久了，孩子形成"我不想""我不行"的意识，认为自己能力不足，什么事情都做不好，有了困难时更没信心。

跟畏难情绪同时伴随的，还有害怕犯错的心理。因为担心做不好，担心失败，所以不想做，不敢做。失败一点都不可怕，可怕的是不曾体验失败，不敢尝试失败，无法面对失败。这跟形成思维模式是有深刻关系的。美国斯坦福大学心理学教授卡罗尔·德韦克将思维模式分为两种：一种是固化型思维，具有这种思维的人觉得智力和天赋与生俱来、无法改变，对于挑战和挫败，他们趋向于逃避和放弃；另一种是成长型思维，拥有成长型思维的孩子做事不易放弃，更具有韧性，能从过程中享受到乐趣。卡罗尔·德韦克教授在研究中还发现，有成长型思维的学生在学习新知识、迎接新挑战时，大脑中的神经元会形成新的、强有力的联结，能使大脑越来越聪明。显然，拥有成长型思维的孩子更容易成为"学霸"。

💡 名家观点

孩子要想成功，必须学会接受失败，感觉痛苦，然后不断努力，直至成功来临，每一个过程都不能回避。失败和痛苦是构成成功和喜悦最基本的元素。

——马丁·塞利格曼《教出乐观的孩子》

🖥 教师支招

学习受挫不可避免，但成绩差异的关键恰恰是孩子能否有能力战胜畏难情绪。

1. 引导孩子说出原因

孩子出现畏难情绪往往有以下三种情况："这个事情我不会""担心达不到期待的结果""我不如别人优秀"。针对这三种情况，当孩子出现畏难情绪的时候，家长首先要做的不是去指责孩子或者拿别的孩子来和自己家的孩子进行比较，而应该去分析孩子现在面对的问题：

（1）这个问题超出了孩子的能力范围吗？

（2）孩子在这个问题上尽到自己最大的努力吗？

家长理性的分析、合理的引导能快速带领孩子克服畏难情绪，从而让孩子在未来的道路上能有勇气面对更难的挑战。

2. 和自己做对比，将大目标化解成小目标

帮孩子战胜畏难情绪的关键点是要多鼓励孩子。当孩子遭遇失败后，心灵上处于脆弱状态，这个时候，任何一点学习上的进步都是值得鼓励的。要让孩子建立起"不和别人比较，只和自己比较"的良好心态。当任务过于困难时，家长可以将一个大目标拆解成无数个小目标来引导孩子完成，用短期可实现的小目标代替长期的目标。每个孩子都是独立的个体，优劣长短各不相同。针对当下暴露的问题，设立小目标，小目标实现后给予肯定，再设立下一个小目标。

3. 控制学习难度

老师在教学中发现，如果适当降低学习难度，对于具有畏难情绪的孩子来说，是建立信心的好方式。所以，在对孩子的学习安排中，家长不妨在习题的选择上降低一些难度，让孩子在一次次能够完成任务的尝试中建立信心，从而向更高难度的题目发起挑战。

4. 逐步找到学习的诀窍

很多时候，孩子学不懂的深层次的原因在于没有找到真正属于这一学科的学习方法。家长不妨带着孩子多向老师、同学取经，形成正确的学习方法，这比盲目做 100 道题收获大。

5. 不过度忧虑

孩子其实是非常敏感且聪明的，研究表明，婴儿也是会看眼色行事的，更何况是上小学的孩子呢？家长过多的忧虑会传递给孩子，孩子自然会把自己包裹得很紧，对陌生或者不擅长的事就不肯参与了。所以，家长将正面、积极的情绪传递给孩子是非常重要的。

亲 子 游 戏

游戏名称：齐心协力

游戏目的：通过游戏，增强孩子克服困难、勇往直前的信心。

游戏过程：将长的卫生纸筒一分为二，做成 U 型槽。父母和孩子每人手拿一个 U 型槽。准备一个乒乓球，将乒乓球放入 U 型槽内，形成角度让球在槽中滚动传递，从第一个槽滚到第二个槽中。亲子之间要配合好，将 U 型槽衔接上，让球可以顺利地滚动。在球不落地的情况下，将球传递到终点口袋中。

游戏要点：如果乒乓球不慎掉落，家长也不要责备孩子，而是要鼓励他，让游戏重新开始。家长和孩子在游戏之后可以共同探讨让乒乓球更快到达终点的策略和方法。

自主选择权——兴趣班到底该如何取舍？

案例故事

有很多家长都有这样的困惑：对于孩子的兴趣班，报不报，报什么，怎么报。因此，在期末家长会结束后，很多家长都会聚在一起讨论：兴趣班到底如何取舍。

小 A 妈妈说："哎呀，我们家孩子也没什么个性，更没什么兴趣爱好，我实在不知道应该给孩子报什么类型的兴趣班。你们家孩子都学了什么啊？"家长们纷纷献言，有学乒乓球的，有学美术的，有学钢琴的，有学声乐的，有学国学的……小 A 妈妈听听这个，听听那个，更没了主意。

小 B 妈妈说："我给我家孩子报了书法班，人家都说'字是人的第二张脸'。我一直想让孩子把字写好。但是我家孩子不愿意去上，有时候即便去上课了，回家也不好好练习。这不，学了半个学期就坚持不下去，中途放弃了。"小 C 的爸爸感同身受："是啊，咱们父母给孩子报兴趣班的出发点是为他们好，但是他们完全不领情！我家孩子天天晚上练琴，弄得家里鸡飞狗跳！"

小 D 妈妈听了小 C 爸爸的话，好像找到了战友："谁说不是呢！现在一节钢琴课多贵啊。现在是钱花了，孩子还不好好学。每次交学费的时候，真是肉疼啊！"

理论分析

在选择越来越多的今天，教给孩子学会选择是一个越来越现实的问题。我们希望培养独立自主、有责任心的孩子，但在日常教育中，家长的一些行为却与之背道而驰。

其实，在一岁至三岁的幼儿期，孩子的自我意识就开始形成了。在这个发展阶段，自主和羞怯是个体发展的两大主题。如果孩子发展顺利，则比较容易发展出自主的性格特性。反之，则可能变得自卑。这个阶段也几乎与弗洛伊德划分的肛欲期完全重叠，处于肛欲期的孩子有一个很重要的特点：不少孩子已经可以开始如厕训练，这对他们日后形成自控感非常重要。

随着年龄的增长，孩子对自己身体的支配感快速增强，从而获得较强的能力感。通过语言和身体能力的发展，孩子在获得支配感的同时，自我的概念也就越来越清晰。你会发现这个阶段的孩子，什么都想尝试自己做，对爸爸妈妈的要求总爱说"不"，其实他们不是想和父母作对，而是在这个过程中获得自控感。

孩子一旦在生活中获得了自控感，他们也就能更顺利地发展出一种特质——"意志"。埃里克森给"意志"下的定义是，能够自我决策和自我约束，形成不屈不挠的决心。这是很多父母希望自己孩子拥有的品质——遇到困难能够勇敢面对，不需要他人反复督促，自己就很有进取心和抗挫力。

名家观点

学习的最大动力，是对学习材料的兴趣。

——布卢姆《教育过程》

教师支招

1. 做好准备

首先，在孩子开始上兴趣班之前，要了解孩子是不是已经准备好了。这会降低半途放弃的概率。

按照著名心理学家皮亚杰的观点，孩子身体和智力分不同发育阶段，有着不可逾越的前后关系。当家长为孩子选择兴趣班时，要根据孩子当下的发育阶段，做出适合孩子的选择。每个孩子的发展有是有差异的，而且年龄小的孩子，相差几个月，可能都有天壤之别。所以，家长不要心急，要尊重孩子发展的实际情况，操之过急只能揠苗助长，使得孩子原本有的兴趣和能力早早受挫。

2. 做足心理建设

只是身体条件具备了还不够，孩子的心理必须做好建设。家长需要与孩子达成一致，一旦开始了，就在多长时间内不能放弃。这个时间不宜太短，通常可以以一年为界。有了这个契约，就基本提前打消了孩子说放弃就放弃的随意性，因为这个契约告诉他"一年以内不用考虑别的，放弃不是选项，只能坚持"。一年以后，可以根据实际情况再进行评估。

在拟定这个契约的过程中，要充分倾听和尊重孩子的想法。家长在与孩子交流过程中，要告诉孩子可能出现的困难，遇到后需要怎么应对，让孩子对困难以及应对措施有心理准备。

3. 和孩子并肩作战

真正遇到困难时，要和孩子站在同一战线上，共同面对。即使身体条件具备了，心理建设也做好了，也并不意味着整个过程就会一帆风顺，还是可能与大大小小的困难不期而遇。因为有了之前的约定，事情的重点就不是考虑放弃不放弃，而是怎么去克服困难了。

这时，家长要表现出与孩子站在同一战线的态度，共同找到解决困难的办法。有些话要尽量避免说出口，例如，"看你练了这么久，什么进步也没有。我这钱白花了。"这很容易挫伤孩子的自尊，也容易打消孩子的积极性。其实，没有真正感同身受，很难了解孩子学习过程中遇到的困难。

难，不应该成为轻易放弃的理由。如果遇到困难就放弃了，那世间所有的事情几乎都有了放弃的理由。这样会养成习惯性放弃的思维方式，最后可能什么都学不成。

兴趣固然是最初的动力，但谁也不能保证它永远具有当初的生命力。尤其是当碰到难题时，孩子往往会觉得自己没兴趣了。其实，孩子通过努力，发现自己可以战胜困难，取得进步后，经常觉得兴趣又回来了。兴趣的保持，需要成功的不断鼓励与加持；而每一个成功的取得，都离不开努力。

4. 做好兴趣班数量与质量、广度与深度的平衡

随着孩子年龄的增长、学习压力的增大，在兴趣班上可以做减法，选出孩子真正擅长和热爱的，并坚持下去。如果说幼儿期是广泛涉猎、发掘兴趣的话，那么这个阶段就是深入培养，让孩子的才能充分发展。

孩子需要有些兴趣爱好，这让他们的人生充实而充满乐趣。当然兴趣是需要不断发掘和培养的，这个过程也是个不断认识自我的过程。取与舍，也体现了育儿的智慧。

亲 子 游 戏

游戏名称： 荒岛求生

游戏目的： 通过游戏，让孩子学会取舍，提高自主选择能力。

游戏内容： 全家人要到一个"荒岛"上进行探险。但是因为"荒岛"距离较远，而且船比较小，所以只能带10件物品登船。这些物品包括盆栽、电子产品、通信工具、学习用品、玩具、日常用品等，但最多只能带10件。该怎么取舍呢？

游戏要点： 每个人都要列出自己要带的物品清单，都要对自己的选择做出理由充足的阐述；要将大家所认为的必需品汇总起来，如果超过10件，就要一起讨论保留哪些，舍弃哪些。

学业
3　玩还是学——孩子只想玩不想学习怎么办?

📖 **案例故事**

进入中年级,相对于低年级没有宽松的学习氛围。中年级学生开始正式接触知识性学习,也出现了很多"不爱学习"的学生。

在一次家长论坛中,很多家长大倒苦水。

家长甲说:"我家孩子一直都不爱学习,太贪玩了,天天就知道瞎玩。要么就是看电视、玩手机,要么就是踢球,疯跑瞎胡闹!"

家长乙说:"我家孩子上课注意力不集中,总是走神。每天放学后辅导作业的时候也不认真听,前面刚教会了,过一会儿又不记得了,写作业三心二意,不专心!该怎么办呀?"

家长丙说:"我家孩子做作业时,边做边玩,随便涂改,马马虎虎,潦潦草草。我帮她检查作业时发现错误真不少。这样下去可怎么得了？”

家长丁听了家长们的讨论，忍不住附和道：“哎，你们说的情况，我家孩子都有。反正干什么都行，就是不想学习！”

🎯 理论分析

关于学习，很多家长其实有一个认知误区，认为孩子上课认真听讲，回家趴在书桌前奋笔疾书，考试写出标准答案，这些才是学习。这种对学习行为的认知，老师们很难赞成。

实际上，中国教育界有个著名的现象叫作“好学生效应”，就是班里面学习最好的那几位所谓品学兼优的孩子，工作以后，其社会表现反倒不如那些平时班里面调皮捣蛋的孩子出色。深究其原因，还是家长对学习的理解比较片面，实际上，学习的面貌丰富多样。孩子平时在玩的时候，也是在快乐地学习和探究。

其实，所谓贪玩的孩子，在有效的玩耍中，一次次地尝试、失败，慢慢找到了探索和冒险的边界。有这种能力的人具有很强的好奇心和探索力，会找到人生更多的可能性。这种探索能力可以让孩子在未来的竞争中更加卓越，更好地体验他人的感受，探索更多可能性。探索是积累未来的经验值与核心竞争力的重要方法。

因此，家长需要持有一种“玩学不二思维”，即不把玩和学习对立起来或者割裂开来。著名儿童心理学家皮亚杰认为，游戏是孩子心理发展的内在需求，通过游戏，孩子会扩大对世界的认识，思维变得灵活。游戏对孩子的认知发展以及心理建构的发展都具有重要意义。苏联心理学家维果斯基指出，孩子在玩中会主动学习知识和规则，这有助于持续提高孩子的自主力和表达力。玩是儿童最重要的学习途径之一。允许孩子玩，保护孩子的玩心，引导孩子会玩，对孩子的成长和发展具有不可取代的意义。

名家观点

儿童的心灵是敏感的，它是为着接受一切好的东西而敞开的。

——苏霍姆林斯基《要相信孩子》

教师支招

"玩"是孩子的天性。孩子在游戏中增长智慧、开发智能、玩出名堂，所以才有了"玩中学"这一教育理念，将"玩"和"学"结合起来，在"玩"的过程中自由、快乐地学习和探索。

给孩子一个玩的空间，让他们享受自由的快乐。给孩子一个玩的舞台，让他们展示自己的风采，给孩子一个玩的启迪，让他们全心全意地在玩中学。游戏就是快乐的学习。

1. 家长陪玩，做好支持而不是指导

孩子在玩耍时遇到问题，家长却直接告诉他应该怎样做，这是在剥夺孩子自我发现、体验、解决问题的机会。

让孩子学习自己解决问题的能力，让他们去创造，赋予他们更多的想象，这些同样会给大脑带来刺激。不管孩子从中学到了什么，都能成为自己的领悟。

2. 在玩中培养孩子的基本生存能力

很多孩子不会管理时间，做事总是磨蹭，需要家长不停催促，总是丢三落四，每次上学还需要家长帮忙整理书包。这样的孩子在家长的细心呵护下，缺乏基本的独立生存的能力，令人担忧。

在玩的过程中让孩子学会自己修理玩具、自己管理时间、自己约会、自己制订计划、自己搭配衣服、自己整理东西、自己寻求帮助等，帮助孩子掌握自理能力和基本生存能力。

3.激发孩子的求知欲，培养孩子的学习兴趣

求知欲和上进心就是孩子对知识学习有一种内在的渴望。孩子只有"爱学""好学"，对获得丰富的知识和好的成绩具有一种内在愿望，才可能"学好"，并持续地保持好成绩。

家长在孩子成长的阶段，一定要注重激发孩子的求知欲。童年是一段旅程，而非一次竞赛，一定不要本末倒置。孩子有自己的成长规律，如果让充满想象力、充满创造力的孩子刻意记忆汉字，背出100以内的加法，他虽然不理解，但也能做到，带来的后果是什么呢？想象力的空间被固化的知识填满了。

教育是要慢慢浇灌的。在孩子成长的过程中，给孩子慢慢探索世界的空间和时间，让孩子慢慢来。

亲 子 游 戏

游戏名称：勇攀高峰

游戏目的：通过游戏，培养孩子的计划性，提高孩子的自我控制能力。

游戏过程：设置一个登山场景。在登山过程中，需要经历几道关卡，每一道关卡都会有一个难题等待攀登者解决。家长扮演每一个关卡的守护人，孩子则扮演登山的探险者。只有当前一个关卡的难题解决了，攀登者才能继续往前行进。

> **游戏要点：** 每个关卡的难题需要针对孩子的能力进行设计，以免挫伤孩子的积极性。关卡难题的形式多样，如猜字谜、讲笑话。

学业 4 赫洛克效应——孩子不爱写作业怎么办?

📖 案例故事

果果已经进入中年级,每天都要完成老师布置的家庭作业了。这不仅对果果来说是个不小的任务,对陪写作业的果果妈妈也是一个非常棘手的难题。因为写作业的问题,孩子和妈妈之间永远有打不完的"仗"……

吃完晚饭,到了写作业的时间。妈妈对果果说:"果果,咱们该去写作业了。"

果果说:"妈妈,我想去厕所。"妈妈:"嗯,那你先去吧。"

果果回来后,妈妈说:"这下可以赶紧写作业了吧?"

想不到刚坐下来一会儿,果果又对妈妈说:"妈妈,我想喝水。"

妈妈把水杯端过来,果果喝了一口,把水杯放下,开始倒腾笔袋,就是不开始写作业。过了一会儿，妈妈又问他："果果，你怎么还没开始写啊？"

果果又说："妈妈，我后背痒痒。"妈妈赶紧又过来给他挠痒痒。挠完痒痒，果果又说："妈妈我想吃个水果……"终于，妈妈忍不住大声说："你别磨蹭了，赶紧写作业！写完作业再吃水果！"

果果只能老实地坐下，真正打开作业本，半个多小时已经过去了。刚写几个字，就开始打哈欠。没写几分钟，不是把橡皮碰掉地上，就是把笔碰掉地上，要么就是这个本找不到了，那本书找不到了……本来没有多少作业量，果果硬是磨蹭了一个多小时才写完，妈妈在一旁看着，急得都要憋出"内伤"了。妈妈知道，果果只是在拖延时间，不想写作业。而且，这样的套路几乎每天都要上演一遍。

但是，这还没有结束。一到检查作业，妈妈再也忍不住自己的怒火，常常动不动就爆发："你这语文作业写的是什么啊？这些字跟画龙似的？！你的数学怎么学的，这么简单的加减法都能算错？！你眼睛长在后脑勺上吗？抄题都能抄错数……"

理论分析

上面果果的故事，可能是中国千千万万家庭的典型场景。所以，不用多说，很多父母陪孩子写作业时都会抓狂。不论是平常如何端庄大方、温柔似水的母亲，还是温文尔雅、慈祥可爱的父亲，在陪孩子写作业时，都免不了情绪崩溃。家长又气又累，而且容易陷入循环怪圈，最后导致孩子不想写作业，家长也更不想陪写，最终亲子关系崩塌，两败俱伤。

在分享做法之前，要先弄清楚一个重要的理论——赫洛克效应。

心理学家赫洛克做过一个实验，他把被试者分成四个组。第一组为激励组，每次工作后对他们进行鼓励和表扬；第二组为训斥组，每次工作后对他们存在的每一点问题都严厉批评；第三组为忽视组，每次工作后不给予任何评价，但让他们听其他两组接受表扬和批评；第四组为控制组，让他们与前三组隔离，且每次工作后不给予任何评价。

实验结果显示，前三组的工作成绩都比控制组优秀，激励组与训斥组显然比忽视组优秀，而激励组的成绩不断上升，这就是著名的"赫洛克效应"。

这个实验说明，对于工作结果及时给予评价，能够强化工作动机，对工作起到促进作用。适当表扬的效果比批评好很多。对成年人如此，对儿童效果更加明显，因为儿童的理性思维和脑发育都还不够健全，更加容易受到情绪波动的影响。

🔆 名家观点

我们一起来制定对双方有利的规则，我们还要共同决定在遇到问题时对大家都有益的解决方案。当我必须独自做出决断时，我会坚定而和善，维护你的尊严，给予你尊重。

——简·尼尔森《正面管教》

教师支招

1. 营造良好的学习氛围

给孩子建立一个相对安静、独立的学习小天地。孩子在写作业的时候，家长不要来回走动，大声喧哗，也不要玩手机或者看电视，静下心来看本书是个不错的选择。

2. 制订计划

询问孩子作业量，根据孩子的能力制订学习计划，把作业分为几个时间段来做，提高效率。

孩子开始写作业前，家长应该问一下他一共有多少作业，跟孩子一起制订一个学习计划表，根据不同科目，分别写出每天的工作量，一周对比一次，如果完成记上√，如果未完成用红笔画〇，并调整到之后的学习日程中。

比如，数学作业有 10 道题，你可以划出其中的 5 道，告诉孩子 10 分钟后你要检查，这首诗歌 15 分钟后要背过。千万不要把孩子丢在一边让他自己爱怎么写就怎么写，这样孩子有可能一晚上也写不完。与此同时，父母及时地进行正向激励，孩子往往会一心一意忙作业的。

3. 解决影响孩子学习的潜在问题

有时候孩子不愿意做作业可能是受到了外部因素的影响，例如，孩子学习压力太大，在学校里被别的孩子欺负了，学习新知识的速度比较慢，这些都会导致孩子有沮丧情绪。孩子心情沮丧，通常会变得易怒，也会对什么东西都没兴趣。孩子焦虑了，就不愿意做作业，因为他不知道该怎么做，总担心自己做得不对。

4. 偶尔听一下孩子的建议

孩子在学校学了一天已经很累了，有时候他们回到家就想好好休息一下，等有了力气再做作业。其实这种方法也不是不可以，家长可以尝试着让孩子先休息 30 分钟或一个小时，然后再写作业。要是这次他表现得好，下次可以继续鼓励他。

亲 子 游 戏

游戏名称：我是火车指挥员

游戏目的：通过游戏，增强孩子的动作和心理的稳定性、精神专注性和抗干扰能力。

游戏过程：一家人围坐一圈，每人提供一个火车站的名字，通过亲子之间的对话来开动"火车"。举个例子，爸爸是青岛站，妈妈是济南站，孩子是北京站。爸爸拍手喊："青岛的火车就要开。"大家拍手喊："往哪儿开？"爸爸拍手喊："往北京开。"于是，北京站的儿子要接着说："北京的火车就要开。"大家又齐拍手喊："往哪儿开？"儿子拍手喊："往济南开。"然后，妈妈就要接上。

游戏要点："火车"开到谁那儿，谁就得马上接得上口。"火车"开得越快越好，中间不要有间歇。这种游戏由于要做到口、耳、心并用，不能有长时间的停顿，要求孩子的注意力高度集中，会锻炼孩子的快速反应能力。

情 感 1 习得性无助——孩子总觉得"我不行"怎么办？

📖 案例故事

有一位"虎妈"，她平时对女儿非常严格，尤其是各类学习方面，更是严得出奇。

女儿学钢琴，她每天雷打不动地从头到尾陪练。女儿有时候状态不好，不是弹错就是节奏不对，要么就是指法出现问题。这些其实是学钢琴过程中的常见现象。但是，妈妈总是按捺不住地批评："这不是老师白天刚教过的吗？这么简单怎么都能弹错？舅舅家的小童哥哥弹得那么好，还拿奖了，怎么到你这儿，弹个琴这么费劲？"

女儿非常委屈，一边哭一边默默地继续弹，心情沮丧，情绪低落，所以弹得更差，错得更多了。妈妈血往上涌，对孩子几乎怒吼起来："哭什么哭？有什么可哭的？这么简单，你自己弹不好，还好意思哭？你怎么回事啊，到底？！你自己要学的啊，我没有逼你，对不对？！不好好学，就别弹了，我明天就给你退班！"这样的状态持续了一阵子，女儿白天上钢琴课变得提不起精神，对钢琴的热情明显大不如前。

终于有一天，孩子惆怅地跟妈妈说："我不想学了，我不是那块料。"

🎯 理论分析

妈妈对于女儿的严厉要求和苛责，导致女儿对弹钢琴逐渐失去信心，形成了一种"习得性无助"的心理障碍。

"习得性无助"由美国心理学家塞利格曼提出的，是指因为重复的失败或惩罚而形成的一种对现实的无望和无可奈何的心理、行为状态。

塞利格曼做过一个实验，他把狗关在笼子里，每次按响电铃，对狗施加电击。狗在一开始遭受电击时，在笼子里一边狂跳、哀号，一边想冲出去。但是，经过多次实验，当电铃再次响起，狗只是趴在地上呻吟、颤抖，无力再反抗了。后来，实验人员把笼门打开，狗不但没有逃跑，而且没等电击出现，就开始呻吟和颤抖。按照常理，狗原本可以在开门的一瞬间赶紧逃走的，但经过反复多次的实验，它认为逃出去是不可能的、无论如何也做不到的，索性放弃了一切努力。这个现象就被称为"习得性无助"。

对于孩子来说，习得性无助是一种被植入大脑的"认知病毒"，是认为"我不行"的信念感。只要孩子认为"我不行"，那么即便他们真的"行"，也会变得"不行"。这是怎么导致的呢？实际上，心理学家经过调研发现，在很多家庭中，恰恰是父母对孩子能力、言行的各种强力否定，导致了孩子的习得性无助。但是，父母又觉得，我的孩子我能不教育吗？能放手不管吗？孩子做错了，我还要鼓励吗？这都是父母自以为必须强烈干预的潜台词，但是，我们没真正重视过，一些不经意的行为恰恰导致了孩子的习得性无助。

💡 名家观点

其实即使天才，在生下来的时候的第一声啼哭，也和平常的儿童的一样，决不会就是一首好诗。因为幼稚，当头加以戕贼，也可以萎死的。

——鲁迅《未有天才之前》

🖥 教师支招

第一，我们必须明确的是，只看孩子的不足之处，习惯性批评、指责是不可以的，无节制地娇生惯养和无底线地各种暴击对孩子来说都是伤害。

家长都说教育难，其实难就难在需要在严厉和鼓励之间寻求最佳平衡点，孩子总在变，家长就总需要去拿捏分寸。对孩子的习惯性批评会带来很多恶果。比如，上面案例中，妈妈批评女儿"这么简单怎么都能弹错？""怎么到你这儿，弹个琴这么费劲？"还有家长常说的"你怎么那么笨？""你怎么什么事都干不好？"这些批评、指责孩子的负向语言说得多了，孩子可能会产生两个想法：

一是"我努力的地方为什么爸妈看不见？既然看不见我为什么还要努力呢"；二是孩子会越来越认为自己不行，"爸妈都说我不行，看来我是真不行"。就像案例故事中的女孩说的——"我不是那块料"。一旦孩子形成了"我不行"的心理暗示，进而形成信念，最终，他们就不可避免地走上了习得性无助的道路。一边放弃继续努力，一边认同自己"真不行"。孩子的生命状态是蓬勃还是萎靡，很清楚了。

所以，当孩子出现畏难情绪的时候，首先要做的不是去指责孩子或者去拿别的小朋友来和自己家孩子进行比较，而是去分析孩子现在面对的问题：这个问题超出孩子的能力范围了吗？孩子在这个问题上尽到自己最大的努力了吗？

第二，家长一定要找到孩子的"最近发展区"。

"最近发展区"这个概念是由苏联心理学家维果斯基提出来的。他认为学生的发展一般有两种水平：一种叫"现有水平"，是指独立活动时能达到的解决问题的水平，另一种叫"可能的发展水平"，也就是通过教学和训练可能获得的潜在能力水平。这两者之间的差异就被称之为"最近发展区"。对孩子而言，通俗地说，"最近发展区"就是孩子稍加努力、踮起脚尖可以完成的学习目标。但是，如果家长没有能力对孩子的"最近发展区"水平做一些有效判断，总是操之过急，最后孩子容易形成习得性无助。

举例来说，如果让一个初中一年级的男孩跳跃，徒手摸篮板，他可能会去尝试。这件事对他来说虽然有难度，但是这个任务在他的"最近发展区"内，因为他的身高可能已经有 1.7 米左右了，身体发育比较好，凭借身高、手臂的长度，加上正常的弹跳助力，他非常有希望完成这个动作。他可能一开始努力跳也摸不到篮板，但通过自己的努力，调整动作或向其他同学请教技巧，最后成功摸到篮板。对男孩来说，经过多次尝试，摸到篮板的一瞬间，会感受到极大的成就感和幸福感。也就是说，这个任务是这个初一男孩的"最近发展区"内的合理任务。但是，如果让一个小学四年级的男孩徒手摸篮板，他的身高可能也有 1.6 米左右了，可能再努力也还是差 5 厘米，所以这个任务不在他的"最近发展区"内。

假如家长对"最近发展区"的判断经常出错，设定的目标总是"超纲"，那么就会让孩子一直处于"我不行"的心理状态，从而一直处在想要放弃的边缘。

当孩子的生活中出现太多次"我不行"的念头，他就会对自己失去信心，从而渐渐沦为一个深度"习得性无助"的"患者"。如果这个状态一直延续，孩子长大后步入社会、走进职场，只会选择待在"舒适区"，很难迎接挑战，做出任何突破，最后与家长的培养期待南辕北辙。所以，家长需要学会对孩子的最近发展区有较为清晰的认识，不要经常对孩子提出超出能力范围的要求。

要想了解孩子的"最近发展区"，其实没有什么捷径，父母需要沿着"贴身陪伴—认真观察—理性评估—设定目标"的路径，形成理性而可能的最近发展任务。否则，父母给孩子定的目标过低，孩子觉得特别简单，能力提高缓慢；父母给孩子定的目标过高，孩子觉得"我不行"，会习得性无助。所以，我们为什么说做父母难？父母是孩子人生的舵手。在学习这条路上，如果父母对孩子的期待很高，那父母自己就要做好十足的准备。

亲 子 游 戏

游戏名称：大力水手

游戏目的：在玩比试力量的游戏中，鼓励孩子运用力气，一方面建立孩子的自信心，另一方面消除孩子的习得性无助。

游戏过程：规定家里的一个房间是可以获得力量的"超级力量屋"。在"超级力量屋"内饮用一种特殊的饮料，可以让自己变得更有力量。亲子之间通过掰手腕、两人互推（谁先出圈就输了）等游戏方式进行游戏。当有些泄气的时候，可以去"超级力量屋"获得力量。

游戏要点：平时家长要告诉孩子"永远都不放弃"，在孩子从"力量之屋"返回后，引导孩子再次尝试努力，争取让孩子在胜利的时刻结束游戏。若家长想让孩子进行多次尝试，要在孩子表现最积极的阶段结束挑战，并夸赞孩子："你已经比刚开始做得好很多了！让我们明天再来试一试。"一定要尽量避免在孩子沮丧和失落的情绪中结束游戏，让孩子记住努力尝试带来的正面力量的感觉，而非在失败后结束挑战的挫败感和失落感。

情 感
2
负面情绪——怎样有效制止孩子负面情绪的蔓延?

案例故事

一天早晨,闹钟响了,爸爸看见自己的孩子还在床上,十分生气,猛地推开卧室的门,大声呵斥道:"还不起床! 每天都偷懒,不勤奋不努力,还有什么出息! 成天迟到,也不嫌丢人?!"

孩子听了爸爸的怒吼,立刻爬了起来,自己默默穿好了衣服,可是心里窝火,开始有了负向情绪。

孩子悻悻地去卫生间洗漱,洗漱好坐在餐桌旁。这时候,妈妈端着早餐走出了厨房,也顺口催促道:"快点吃,本来就起晚了,还不抓紧时间,肯定迟到! 晚上不睡,早上不起,你看,今早又起不来了吧!"孩子拿起筷子,简单扒了几口饭,抓起书包就愤愤出了门。

在家里，他不能顶撞妈妈，也不敢去招惹爸爸，只能把火撒在比自己更弱小的人或物上。于是，临出门时，孩子瞅了一眼自己家养的那只还在睡觉的小猫咪，立刻踢了它一脚。小猫被惊醒，"喵喵"几声，也立刻跑开了。

要知道，小猫和小狗这些小动物也是有情绪的。但是它们要怎么发泄呢？同样，它们也去欺负比自己更弱小的人、动物或事物。于是，这只小猫，用了一天的时间，去啃花、挠沙发、抓窗帘、咬拖鞋……终于，负情绪链条的传递到头了。因为那些沙发、窗帘、拖鞋、花草已经没办法再去释放情绪了。

🎯 理论分析

以上情绪传递链条就是心理学上非常著名的"踢猫效应"。也就是说，人受到环境的影响产生负向情绪，如果没有很好地进行处理，那么负向情绪就会拧成一根链条，向下传递。人性中的趋利避害意识会让人们选择比自己更弱小的人、动物或者通过事物来发泄情绪。

一般来说，当外部给我们一个刺激，我们会做出相应的反应。通常我们是把刺激和反应连在一起的，称为"猝不及防的反应"，就是自己都没反应过来，情绪就发泄出去了。对正向的事情我们做不做反应没有关系。但是，一旦发生负向的事情，我们就需要把刺激和反应拉开了，否则，很容易形成"踢猫效应"。负情绪链条，一环扣一环，制造着破坏，最容易"躺枪"的则是我们最爱、最在意的人。

所以，不论是家长还是孩子，都要学会有效制止负面情绪的蔓延。

美国社会心理学家费斯汀格提出过一个"费斯汀格法则"：生活的 10% 是由发生在人们身上的事情组成，而另外的 90% 则是由人们对所发生的事情如何反应决定的。所以说，我们如何处理负向情绪，将会在很大程度上左右我们的生活质量和亲密关系的质量。

当然，管理情绪不等于压抑情绪，我们的每一种情绪都应该被接纳，也都有其存在的价值，无论是正向的开心、兴奋、激动，抑或是负向的抑郁、焦虑、愤怒，都有积极意义。人的思维和行为很大程度上会受到情绪的影响。情绪出现了，我们要接纳它们。把注意力集中在解读情绪背后的原因上，追根溯源，而后再去寻找解决问题的方案。

💡 名家观点

没有同理心的父母就像是在昏暗的房间里，用生锈的器具做手术的人。细思恐极。

——乔尼丝·韦布《被忽视的孩子》

📱 教师支招

1. 倾听，不打断、不否定

当孩子产生负面情绪、心情不好找家长倾诉时，家长耐心倾听，少讲道理，轻易不提建议，有时候可能拍拍背或者一个拥抱的效果就很好。在孩子主动提出时，才帮他分析状况、原因，等孩子情绪稳定下来后再去讲道理，使孩子有更正确的了解。在孩子倾诉的过程中，家长要有回应，不要让孩子感觉到家长在应付，而是非常关心，还可以追问一些细节，有助于家长对孩子的引导。

2. 理解，认同孩子情绪

家长要对孩子的遭遇表示同情、理解，第一时间认同他的情绪，是对孩子心理的保护，也是和他一起面对问题的态度，这个做法非常重要。家长需要多和孩子沟通，了解孩子的真实想法，努力探究孩子这些不良情绪和行为背后真正的心理需求，孩子遇到的困难是什么、这些困难给孩子带来的情绪体验是什么，孩子希望得到什么帮助等。孩子遭遇困难时能够感受到家长不是一味指责，而是觉得能够得到家长的理解和老师的支持，那么自然就会给情绪找到恰当的出口，缓解负面情绪。

3. 分析，提出个人建议

产生负面情绪是孩子只看到了坏的结果，家长要心平气和地以积极的心态去看待问题，帮助孩子解决问题，给予他阳光与希望。孩子就会感到家是最温暖的港湾，父母是他们最坚强的后盾。

4. 尊重，允许孩子尝试

在集体生活中好多规则都是需要孩子自己去摸索的，别人是替代不了的。可以让孩子在不违反法律和道德底线的情况下，去尝试一下找到自己解决问题的方式，尝试过后他们会明白更多的道理和规则。

到了青春期，家长可能会因为孩子的反抗感到自己的权威性被冒犯，因此开始焦虑。但如果把这种反抗作为成长的契机，把握好亲人之间相处的界限，不过度苛责，也不一味宽容，心平气和地去交流，而不是以针尖对麦芒的权威姿态去压制他，相信可以取得更好的效果。

当孩子出现负面情绪时，先别着急要给孩子解决情绪问题，孩子的负面情绪可能只是他的一个外在表现，或许是因为出现人际关系问题不会处理，或许是因为学习上遇到困难，也可能是确实受了委屈，又不懂表达，但也有可能就是胡搅蛮缠，只是为了发泄。家长先掌握情况，才能有的放矢。

亲 子 游 戏

游戏名称：情绪售货员

游戏目的：通过游戏，让孩子了解到，情绪是可以相互传染的，引导孩子了解不同情绪给人的不同影响。

游戏过程：孩子和家长分别扮演售货员和顾客。售货员售卖的不是具体的商品，而是情绪。

游戏要点：售货员在售卖商品的时候，要注意根据顾客需要的商品（也就是情绪）进行表演。比如，顾客需要快乐的时候，售货员要用快乐的表情和行动进行服务，顾客需要愤怒的时候，售货员要用生气的方式进行售货。

"55387"——如何和孩子进行有效沟通?

案例故事

有一个妈妈,在工作上能力非凡,平时工作也是非常忙碌,白天只能让孩子奶奶帮忙带孩子,晚上下班回到家自己哄孩子。

可是,每天晚上回到家,孩子基本都是坐在沙发上看动画片。母子之间早就约定好,8点关电视,去洗漱、睡觉。在一、二年级时候,孩子一直执行得很好,可是后来,孩子越来越不听话,到了时间就是不执行。这位妈妈上班已经非常辛苦了,满脸疲惫,身心俱疲,可是下班回来要陪孩子玩。每天都要为了让孩子按时睡觉,反复催好几次。

有一天,已经9点了,孩子看动画片看得不亦乐乎,这位妈妈的火气一下子就上来了,冲到孩子面前,冲孩子嚷嚷:"看看都几点了！还不去睡觉！赶紧给我去洗漱睡觉！"说完，妈妈就粗暴地关了电视。

孩子正看得起劲，看到妈妈把电视关了，直接"哇"的一声大哭起来。爷爷奶奶也闻讯赶来。家里因为妈妈的一声吼，混乱一片。

这位妈妈也是一脸疲惫地扪心自问：管孩子怎么就那么费劲呢？每天晚上我都因为催孩子睡觉，弄得孩子不愿意，我也一肚子气，到底是谁的错呢？

🎯 理论分析

很多父母可能都经历过这样的事。虽然是同样的场景，但每一个孩子的反应也都会不同。可是，无论孩子是哪一种反应，他的心情都是非常不好的。所以，即使孩子睡觉去了，妈妈看似"胜利"，但其实，妈妈和孩子之间进行了一次非常失败的沟通。而沟通是父母完成教育引导首当其冲的落地动作，如果这个动作失败了，那么所有的目标即使有一时的作用，也无法有持久的效果。不懂沟通，一切的期许都是一厢情愿；不会沟通，我们对孩子的爱很可能变成伤害。

有一条关于沟通的定律，是所有的父母都应该知道并熟练掌握的，就是著名的"55387定律"。这条人际沟通定律由美国的心理学家和传播学家艾伯特·梅拉比安提出，被广泛用于职场培训，后来也被用到家庭中。因为，家庭成员之间的沟通同样是发生在人和人之间的，是扎扎实实的"人际"沟通。"55387"即55%+38%+7%=100%。55%是沟通中的态度，包括动作、表情等；38%是讲话时的语气；7%是说话的内容。也就是说，人际沟通效果，

55% 是由态度、肢体语言、面部神情以及穿着、仪表是否恰当、得体决定的；38% 是由语气、口吻决定的；只有 7% 来自我们说话的内容。

我们总是习惯于把注意力放在说话的内容上，而忽略了很多语言内容之外的东西，而这些在沟通效果中占比高达 93%！假如没有这 93%，那么 7% 的内容能发挥的作用会极其有限，甚至完全送达不了。所以，如果想保证 7% 的内容能够有效传递出去，需要 55%+38% 的保驾护航———态度和语气，这是保证沟通良好的基础。

💡 名家观点

成长是需要时间来完成的，有时青少年会变得不耐烦，他可能希望一夜之间长大。

——约翰·科尔曼《为什么我的青春期孩子不和我说话？》

🖥 教师支招

1. 达到有效亲子沟通，听永远大于说

我们会用眼睛看，会用嘴巴说，而唯独忘了教育孩子应该首先把嘴闭上。倾听孩子的话永远放在第一位。天天跟孩子相对，他对你了如指掌，你的语气、语调、声线、口吻，都决定着孩子对你的判断。没有好的语气、语调作为铺垫，你说什么孩子都不会听进去，更别说促进行为上的改变。我们都知道，沟通要起效果才能被称为有效沟通，不然就是"沟而不通"或"有沟无通"。那么产生有效沟通的第一步是什么呢？不是表达，也不是说，第一步就应该是倾听。

2. 家长学会情绪管理

许多人都会说，道理都懂，可就是做不到啊。一遇到突发事件刺激，立马"炸毛"，原形毕露！为什么？因为不懂得关照自己的情绪。一个成年人不懂得关照自己的情绪，也就势必关照不了自己的孩子。首先清楚地认识自己的情绪，接纳它、处理它。不逃避，承认，并尝试分析自己情绪失控的真正原因，是工作上的问题引起情绪波动吗？是没休息好吗？还是压力太大了？然后再做出行为选择。

正确的做法应该是，家长先要求自己改变，要求自己主动学习，主动走进孩子的内心。家长先改变，孩子就受益了。家长必须跟孩子一起成长。孩子身上的问题，大部分是家长的问题；家长的问题，大都是原生家庭（童年）的问题。作为家长一定要先觉知，疗愈自己，再有能力去教育孩子。家长还需要学会一致性表达，从好好地用温柔的语气说每一句话开始。对于孩子的问题，给出正面反馈，为孩子提供温暖感，让包容形成一股力量，来回流动而不堵。

3. 做高影响力的家长

拥有高影响力是直接提高亲子沟通效率的办法。不是声音越高，打得越凶，才有高影响力。往往越暴力的手段到青春期越受阻，因为真正的影响力在于影响孩子的内心。家长走不进孩子心里，孩子当然不会把家长说的话当回事。

有家长经常说，叫他，他不听啊，说也不听啊，老师叫他，他就听。比如叫他画画，老师叫他画，他就听。其实不是这样的，老师和孩子的感情怎么可能跟家长比，是因为在画画上我更接近孩子的内心，更专业。老师体察到孩子的内心了，理解孩子了，孩子愿意跟老师沟通。千金难买"我愿意"啊！日记画就是直击孩子心灵深处的，是沟通很好的桥梁。孩子他不愿意说的话都藏在他的画里，他不愿意表达的感情都藏在他的作品里。

4. 正面表达

家长想让自己的孩子变成什么样的人，就去跟孩子描述，而不是说"你真笨。你就只能这样了。你真的太让我失望了……"孩子信你说的每一句话。所以从现在开始正面表达。我们画画的时候常说：这个世界不缺少美，只是缺少发现美的眼睛。那么也可以这样说：这个世界没有人没有优点，都有优点，缺少的是发现。教育意义就如此潜移默化到了智慧的一言一语当中。

亲 子 游 戏

游戏名称： 我是话务员

游戏目的： 通过游戏，锻炼孩子的沟通能力，同时培养孩子的细心、耐心与冷静等品质。

游戏过程： 全家人站成一排，一位家长当排头，在第二个人的耳边悄悄说出一句话，第二个人听清楚后再依照此方式传给第三个人。一轮游戏结束时，由排尾大声说出听到的悄悄话，并与排头传出的悄悄话进行对比，看有没有传错，差距有多大。

游戏要点： 两个人在传递信息时不许让第三个人听到；传话时可以使用多种形式，不一定是言语，可以配合表情、动作姿势等；悄悄话的内容不能太长，一两句即可，但要有一定难度，可以是一些复杂的数字、绕口令等。

情感 4 懂爱才会爱——如何给予孩子需要的爱？

案例故事

记得曾经读过一个有趣的故事。

小凡是一个非常热爱生活的人，他总能想尽办法让自己每天的生活都丰富多彩，也尽可能地让每一个周围的人都能感受到他的热情。

有一次，他搬了新的办公室。他特意到花卉市场左挑右选，买了一盆绿植，兴高采烈地搬回来准备装饰自己的新办公室。自从这盆绿植入住办公室，小凡每天都在精心照顾这盆绿植，浇水、施肥、除草、杀虫。除此之外，他每天还定时、定点把绿植抱到阳台上晒太阳。看准时间，绝不让热辣的阳光晒蔫了美丽的绿叶。他天天往花盆里浇水，还特意买了一个小喷壶，往叶片上喷水。

就这样，过了一个月，这盆绿植却出人意料地枯了叶，被养死了。

小凡心里很难过，有种挫败感。因为他觉得自己对这盆绿植的照顾真的是无微不至了。他实在想不明白，所以总是不断地抱怨，自己对这盆绿植这么好，已经如此精心地呵护这盆绿植了，它怎么最后还死了呢？他想，一定是这盆绿植的种子不好，或者土壤不佳造成的。

这时候，打扫卫生的阿姨恰好走了进来，看见了这盆已经死掉了绿植，笑着对小凡说："你天天浇水，它能不死嘛！天天给仙人掌浇水，肯定会烂根的！"

🎯 理论分析

这个故事乍一看都让人发笑，但是仔细一想，它很有余味。当我们关注和照料对方时，真的知道对方想要什么吗？在没有看清对方需求的前提下，自己的行为是很容易出现错配的。

对于父母而言，这种缺乏理解的爱很容易演化成"为你好"式的裹挟。毕竟，父母往往是强势的一方，是教育的一方；而孩子则是弱势的一方，是被教育的一方。但遗憾的是，不得不承认，尽管父母满腔热情地去为孩子付出，甚至去为孩子牺牲，但生活中存在着大量亲子之间的错配，把父母的付出变为负累，孩子不领情不说，更严重的还会导致亲子双方关系的磨损。如果父母用这样的方式来爱孩子，这显然不是一种健康的爱。

埃里希·弗洛姆是 20 世纪著名的哲学家、心理学家、社会学家。按照他的说法，爱是一门艺术。艺术是人潜意识的具象表现，有熏陶性情、安抚心灵的作用；同时，艺术的表现技巧可以通过训练提高和升华。他在《爱的艺术》中提到，爱是一种积极主动的能力。这种能力包含了三个维度：一是给予，二是关怀，三是尊重。健康的爱必然建立在读懂孩子的基础之上。想要读懂孩子，父母不能想当然，也不能仅凭一腔爱孩子的热情，父母需要一些必要的支点，才能撑起爱孩子的天空。

名家观点

真正的爱，包括适当的拒绝、及时的赞美、得体的批评、恰当的争论、必要的鼓励、温柔的安慰、有效的敦促。

——斯科特·派克《少有人的路》

教师支招

为人父母，是园丁种花，其本质是爱。这种爱没有目标，没有蓝图，但它确实有一个目的。这个目的不是去改变孩子，而是给予他们成长所需要的，一个安全、温暖、自由的环境，或者说，一个"花园"。

"生而不有，为而不恃，长而不宰。"对这种至高无上的大自然的智慧，老子在《道德经》中进行了高度的推崇和概括。这种智慧适用于我们生活中的方方面面，适用于我们处理各种关系，尤其是亲子关系。如果父母能将这种智慧践行在和孩子的相处中，那么一定会给孩子充足的自由、乐观自信的心态、宽阔的视野，而这些比学习成绩要重要无数倍。因为，拥有优异的成绩可能决定孩子的起点，而乐观的心态、独立思维能力和高远的格局则决定孩子发展的高度和幸福指数。

1. 生而不有

生育孩子却不占有。父母虽然是把孩子带到这个世界上的人，可是不应该觉得孩子是属于自己的，把孩子当成自己的私有财产，从而对孩子拥有很强的控制欲和占有欲，希望孩子一直在自己的视线范围内，做任何事都向自己汇报，并时时处处听从自己的安排。父母应该知道，自己只是孩子来到这个世界上的载体，孩子是独立个体，拥有自己的个性和思维。父母需要给孩子足够多的自由和空间，让孩子自由地做喜欢做的事情。而这个最重要的出发点，就是给孩子充分的尊重，把孩子看成一个独立的个体来尊重，而不应该把孩子作为自己的附属品。孩子在小的时候，需要父母无微不至的呵护。这种呵护往往会滋生父母对孩子的占有欲和控制欲。父母要时时刻刻提醒自己，孩子有自己的天空、自己的道路和未来。父母能做的，就是给孩子阳光、雨露般的爱，给孩子一个温暖的避风港，在孩子累了、倦了、受伤了的时候可以栖息的地方，可以得到温暖鼓励和爱的地方，可以重新汲取能量的地方。

2. 为而不恃

做好自己却不自恃。父母确实为孩子付出了很多很多，可是不应该因为给孩子付出了，就经常在孩子面前邀功："我为你提供了多好的生活和学习条件""我为你操劳""我为你付出"。如果父母始终以自己的付出自居，以爱为名，想让孩子一切都服从自己的安排，这是最大的忌讳。如果父母一切行为都打着"为你好"的旗号，而给孩子带来了很多无形压力，让孩子觉得自己做好是为了父母，做不好就对不起父母，久而久之，这种压力会转化成一种疏离，孩子不愿意和父母沟通，不愿意和父母敞开心扉，而孩子越这样做，父母就越不理解，越生气，就这样形成了恶性循环。其实，父母与其用爱来绑架孩子的思维，不如通过自己的言行举止，做好孩子的榜样。应该经常和孩子谈心，而不是谈自己的付出、功劳和不易；站在孩子的角度，了解孩子的想法，并尊重孩子的想法，然后在了解孩子思维的基础上，给予相应的引导、鼓励和支持。这样，孩子和父母之间就自然而言形成了友好、和谐的家庭氛围。这对于孩子拥有乐观、积极、善良的个性至关重要。

3. 长而不宰

培养孩子但并不主宰其人生。父母都想把最好的给予孩子，让孩子拥有更好的未来。只不过，有一些父母把对孩子的培养变成了管束，按照自己的想法为孩子安排好未来，铺好道路，认为这就是给予孩子最好的关爱。可是，如果一切决定都由父母去做的话，孩子会慢慢失去决策和分析能力，对父母越来越依赖，没有自己独立的思维能力。从长远来看，这并不是对孩子最好的爱。父母给孩子的也不一定是孩子想要的，所以一定要多和孩子谈心，聊心情，聊想法，聊梦想，而不只是聊学习。父母需要培养的是孩子自主选择、自主决策、自主思考的能力，这样孩子才会逐渐拥有成熟的心智去处理各种各样的问题。就像那首歌中所唱的"对你最好的疼爱是手放开"，父母对孩子又何尝不是？对孩子最好的疼爱，就是给予孩子全权主宰自己生活的权利。因为我们不可能时时刻刻陪伴在孩子左右，总有一天，需要孩子去独立面对，独立承担生命之重。

不能总"以爱之名"要求孩子换位思考为父母着想，父母也需要换位思考，真正站在孩子的角度来理解和体谅孩子的处境和心情。如果能做到这样，就会发现，父母和孩子之间的代沟正在一点点消失，孩子也逐渐越来越自信，越来越愿意和父母沟通。给孩子充分的自主权，让孩子去面对和解决问题，而不是把孩子培养成温室里的花朵。

希望父母看到，孩子终有一天会离开自己，去追求他们的学业、事业、爱情和生活。父母一定要有自己的生活，不要让孩子成为自己人生的全部，因为孩子不属于父母，只属于他们自己。孩子在身边的时候就给他们阳光雨露般的爱，孩子离开自己去追梦的时候，父母就要有自己的爱好，开心地过自己的日子。相信父母都希望孩子过得开心幸福，而孩子们又何尝不是，他们也不希望父母所有的关注点都在他们身上，担忧着他们，同时又束缚着他们。他们希望父母也可以潇洒地去拥抱自己的人生，可以幸福快乐地生活。这样，孩子们也没有任何后顾之忧，真正为父母感到开心。

伟大的父母们，请你们让爱像阳光雨露一样包围着孩子，而又给他们充分发挥自己想法、主宰自己人生的自由。这样的孩子学习成绩一定不会差，人缘也会很好，将来一定是社会的栋梁，是情商高、智商高的优秀人才，不仅能够给社会带来积极的影响力，还能拥有笃定、平和、温暖的内心，这样的孩子才会生活得更加幸福，而且也会更加懂得感恩，感恩父母的生育和无私的付出，也会真心地想去陪伴和孝敬父母。这样温馨美好的亲子关系，不正是很多父母梦寐以求的吗？

当你给孩子自由时，因为有了自由，孩子会选择自己感兴趣的东西；因为有兴趣，他就会反复做，就变得专注；在长久的专注中，他逐渐感知并把握了事物的规律；把握了事物的规律，他就愿意遵守它，有了自我控制力。

亲 子 游 戏

　　游戏名称： 障碍游戏

　　游戏目的： 通过游戏，增强亲子之间的信任感，增强孩子的责任意识。

　　游戏过程： 家长帮孩子戴好遮光的眼罩，再让孩子原地慢慢转圈直到失去方向感。家长扶着孩子，为孩子描述前方的情况，并告知孩子"我现在就是你的眼睛，我会指引你前进。如果有任何需要一定要及时告知我！"家长按照路线，引导孩子越过种种障碍，最终到达终点。之后交换角色，家长戴好眼罩，由孩子引领向前走，孩子保护家长避开障碍，到达终点。

　　游戏要点： 家长在引导孩子走向终点时，不要太顺利。在确保安全的情况下，让孩子感受到危险，最好是能让孩子感觉到困难后主动寻求帮助。

高年级

习惯 1　送你一颗责任"心"——班干部"玩忽职守"怎么办？

📖 案例故事

在"大语文"时代，大量的读书和背诵是学习语文必不可少的功课。因此，每学期我们都会按照要求带领学生背诵古诗文 20 首，丰富学生的语言积累。

但是，我是一个教语文、道法两门主科，兼管地校、综合实践两门小科的毕业班的班主任，还有教研组长、级部组长等工作，备课、批作业、找学生谈心、防疫管理、处理各种班级事件等占据了我几乎所有的上课以外的时间，所以无暇让每一个学生都来我这儿一一地毯式过关。所以，关于背诵这件事，我一般会要求学生在学校里背给组长听，组长再背诵给课代表听。

结果，一次偶然的机会，我无意中得知，有的组长向组员索取钱物以此免去组员背书；有的组长对组员要求极低，组员只要开口背一两句就挥手示意他已经过关……

看来想法虽然美好，但是现实很残酷。出发点是为了培养孩子们的责任心和互帮互助的精神，但实际上存在着很多钻空子和玩忽职守的行为。我真有些讶然。

我也跟几个组长的家长聊过，家长们也意识到有责任感对孩子来说是一种非常重要的品质。可是，现在的孩子都是在宠溺中长大的，什么事都是由家长担着，该如何送他们一颗责任"心"呢？

理论分析

现在的孩子在家中都被"众星捧月"。对孩子的一些力所能及的事，家长都要为之代劳，甚至家长都要替孩子背书包。这样孩子就对自己应做的事缺乏责任心。孩子做错了事，许多家长为了保护孩子，会代替孩子去向别人道歉。这样就在无形中助长了孩子的以自我为中心、唯我独尊的意识，对自己的事情都不愿意承担责任，更别提对别人负责了。

家长对孩子的期望值出现偏差。现在生活水平提高了，家长也不需要孩子帮助自己做一些事情了，于是就将对孩子所有的期望都放在学习上。部分家长认为孩子唯一需要做的就是学习，其他任何事情都不要做。有人曾经对同年级的三个班进行调查，发现有95%的家长对自己的孩子说过类似这样的话："家里什么都不用你做，只要好好地学习，将来考个好大学就是我们最大的愿望了。"殊不知，他们这样无形中剥夺了孩子对自己负责的机会。没有责任心的孩子在学习中也会是这种态度，自己的事情，也要别人监督才能完成。例如，在家做作业拖拖拉拉，家长不在旁监督，就不能完成作业；做值日，教师不在场，垃圾满天飞，更不用说对别人负责了。这样一来，出现班干部"玩忽职守"的问题也就不难理解了。

💡 名家观点

真正进步的人决不以"孤独""进步"为己足，必须负起责任，使大家都进步，至少使周围的人都进步。

——邹韬奋

教师支招

1. 培养责任感，父母的态度是关键

有些家长宠爱孩子，控制欲强，从小到大为孩子包揽各种琐事，替孩子做选择、做决定，为孩子焦虑，替孩子发愁。更有甚者，孩子犯错了爱护短、逃避责任，或是替孩子承担责任。孩子接收到的信息就是：有爸妈在，什么事都不用操心！久而久之，孩子的责任感消失殆尽，慢慢地，他再也不愿对自己的行为、对任何人和任何事负责任了。

责任感的培养不是一蹴而就的。家长从孩子小时候开始，就不要剥夺孩子承担责任的机会，尽量去引导孩子自我管理、自主选择，从孩子学会为自己负责开始，逐渐延伸到对他人、对周围的环境负责。

2. 让孩子学会自主选择、自主管理

在成长过程中，孩子会表现出各种主动尝试的愿望，都是一种

责任感的萌芽，比如要求自己吃饭、独自穿衣、自己洗袜子。在这个时候家长不要阻拦，应该给孩子鼓励。另外，不要大大小小的事都替孩子做主，给孩子一定的自主选择权。孩子享受到自主选择的自由，就意味着要承担相应的责任和后果。比如，零花钱是一定的，孩子非要买一个很贵的物品，家长可以跟孩子讲好，"你可以买，但是接下来的日子就要自己承担没有零花钱的后果；你也可以选择每个月存一点钱，等过几个月攒满了再买"。放学后孩子不愿意写作业，家长不必一直唠叨、监督；提醒几遍之后，可以告诉孩子，"你可以不写，只要明天能够承受老师的批评就好，学习是你自己的事情"。当孩子做出不恰当的选择，面对令他感到难过和挫败的后果时，必定会产生生气、失落、沮丧等负面情绪，这时候，家长一定要坚守自己的原则，不要被孩子的情绪所支配，做出妥协。有些情绪需要孩子自己去体验、领悟、消化。只有经历过，孩子才能在一次次的实践中懂得为自己做出的选择负责，逐步学会自我管理。

3. 家长舍得让孩子帮忙

责任感培养从自己到他人，从小事到大事。家庭是孩子从小感受责任的最佳场所。生活中，家长要舍得让孩子帮忙做家务，比如，做饭时让孩子帮忙洗菜、拿盘子、摆放碗筷；妈妈身体不舒服时，让孩子帮忙倒一杯水。孩子感受到自己被需要，也乐在其中，自我价值感得到增强。在一次次能够靠自己的力量帮助别人的体验中，孩子会超越"以自我为中心"的局限，开始了解自己周围的世界，懂得关心别人，从而强化自己对他人负责、对周围环境负责的责任心。

4. 让孩子勇于承担后果

前段时间，一则孩子在电梯撒尿的视频广为流传。妈妈知道后，没有打骂孩子，也没有替孩子逃避责任，而是在业主群内道歉，并且要求孩子承担行为后果：写下检讨书，主动打扫电梯一个月。大家纷纷为孩子妈妈的教育方式点赞。家长教育孩子勇于承担后果，为行为负责，这是孩子人生路上很好的一课。孩子年龄小，偶尔犯错是难免的，犯错是培养孩子责任感的好时机，关键在于家长对孩子的引导。孩子犯错了，家长不要一味责备孩子，更不要一味护短，替孩子逃避责任。而是应该通过实际行动，去引导孩子做一些有意义的事情来修正错误，培养孩子的责任意识。高尔基说："如果一个人没有热情，他将一事无成，而热情的基点正是责任心。"这告诉我们，责任感和主动性是连体的，一个人如果被赋予责任，就有了价值感，有了主动性。从小培养孩子的责任感，他的一生都将受益无穷。

亲 子 游 戏

游戏名称：两人三足

游戏目的：通过游戏帮助孩子养成勇于承担责任的习惯，培养孩子的责任心和主动性。

游戏过程：将家庭成员分成两人一组，准备一些纸条，围成绳圈。游戏开始，每组成员站在起点，用纸绳圈套住两人的腿，哨声响起后每组成员向终点出发，最先达到终点且纸绳圈没有掉落、没有破损的一组获胜。

游戏要点：在游戏过程中，家长要表现出强烈的责任感，时刻提醒孩子游戏规则，让孩子意识到自己在团队中的责任。游戏结束之后，家长要及时地表扬孩子，引导孩子重视自己的责任，勇于承担自己的责任。

习惯 2 及时发现——如何应对孩子的偷拿东西的行为？

案例故事

周一的中午，午餐搭配的点心是苏打饼干，孩子们都很喜欢吃。

午饭后，值日分餐员给大家分饼干。这时，小翔和嘉豪可怜巴巴地对我说："李老师，我们没有饼干。"他们俩一脸委屈，快流泪了。

什么？少了两包饼干？我瞪大了眼睛，赶紧询问情况。值日分餐员小怡告诉我，刚才有些男生跑过来乱抢。我问有哪些学生上来抢饼干，学生们告诉我，佳佳、俊杰、朝阳等男生上来抢过。我一听，全都是班上的"调皮蛋儿"。

分之前我是数过的，正好43包，也没有别班学生进来过，那饼干去了哪儿呢？

经过我的排查，最后发现是俊杰偷拿的。说实话，我一开始就想到了他，因为这已经不是第一次了。从三年级开始，他就偷拿过同学的橡皮、班里的图书，还有一次倒不是拿了谁的东西，而是趁着擦黑板的时候把别组的得分擦掉 2 分，又给自己组加了 1 分……我和他妈妈沟通过多次。他妈妈也很无奈，打也打了，骂也骂了，都五年级了，就是改不了这小偷小摸的毛病。这长大可怎么得了啊？

🎯 理论分析

孩子偷拿别人东西可能有多方面的原因，我们进行具体分析。

第一，孩子的规则感和边界意识还没有完全形成。小学阶段的孩子往往分不太清"什么是我的，什么是你的"，没有清晰的物权意识。这就可能会造成一个现象，就是当他有需要的时候，就自己动手拿东西了。

第二，孩子的需求没有得到满足。孩子想要东西，父母由于各种原因没满足他，孩子没有可以自由支配的零花钱，不能买自己想要吃的小零食或其他东西。父母可能认为这些东西是垃圾食品，禁止孩子吃。那么孩子可能会去偷拿钱或者去偷自己想要却得不到的东西。

第三，孩子为了引起父母的关注。一个小男孩家境不错，想要的东西父母也会给他买，但是他会经常偷东西。原来因为他的父母太忙了，平时没时间陪他，也不关心他。他发现偷拿东西可以获得父母的关注，所以他借此来引起父母的关注。英国精神分析学家温尼科特说，孩子的问题行为常是在向父母表达什么，是希望父母能看到自己的某些感受。当父母看到后，不仅孩子的问题行为可能改变，父母和孩子之间的情感也会加深。

第四，孩子可以从中体验到兴奋、刺激、控制感等感受。在这个过程中，孩子得到了一种心理上的满足，感到刺激，觉得这个东西是凭自己的"能力"获得的。但是这个阶段持续不了多久，孩子会因为羞耻感等原因不再玩这个"游戏"。那为什么俊杰喜欢通过这种非正常的手段来得到想得到的东西呢？首先，俊杰会感到兴奋，当拿了东西被质问，还有可能逃脱责罚的时候，他是兴奋的，就如同坐了一次过山车。还可能是，俊杰希望通过自己的方式决定想要的东西，获得控制权。总的来说，孩子偷东西的原因可能有很多，父母尽量不要先入为主地去判断这个事情，不要给孩子贴上标签。

名家观点

人孰无过？过而能改，善莫大焉。

——《左传》

教师支招

约翰·梅迪纳说："如果家长在训导时能让孩子感到充满爱意的关切，那么道德的种子就更有可能在他们幼小的心灵里生根发芽。"家长对孩子充满爱意的关切，孩子能感受到。这比谴责、打骂更有效果。

第一，父母要让孩子感受到，父母是真正地关心他，想要帮助他，而不是用责骂的方式，让孩子承认错误。这样只会挫伤孩子的自尊心，削弱其责任感。

第二，给孩子留空间，让孩子说说是怎么回事，有没有认识到自己的错误，错在哪里。如果孩子不说，用坚定的目光看着他，告诉他："犯错不可怕，知错就改就好，如果说谎，那问题就严重了。我等着你的答案，希望你不要让我失望。"

第三，反思亲子关系。家是最温暖的地方，孩子遇到难题第一个想到的就是请求父母帮忙，而有的孩子却选择"偷"，有可能是因为平时父母对孩子要求太苛刻，孩子想要某个东西，但知道父母不会同意。事不过三，如果孩子多次偷拿东西被发现，屡教不改，那么父母就要采取措施了。父母要首先反思自己的教育方式是否对孩子产生了正面影响；其次，了解清楚孩子经常偷拿东西的原因，是否确有需要，还是因为交了"坏朋友"；再次，及时和班主任交流，形成教育合力，一起帮助孩子"改邪归正"。

亲 子 游 戏

游戏名称："1、2、3，木头人"

游戏目的：通过游戏培养孩子的规则意识，帮助孩子养成遵守规则的良好习惯。

游戏过程：设定一个起点和一个终点，带领者在起点背对大家。游戏开始，大家可以向终点移动。带领者可以随时喊出"木头人不许动"的指令。带领者回头并喊出指令时，所有人都要保持固定姿态不能动，一旦动了就要重新回到起点。带领者喊完口令之后背过身继续进行游戏。最后率先到达终点的人获胜。

游戏要点：在游戏过程中，当带领者喊出指令的时候，父母和孩子之间要相互监督，如果存在没有遵守规则的情况要立刻汇报，以此督促孩子遵守规定。游戏结束以后，父母可以和孩子沟通游戏感悟。

习惯 3 一切尽在计划中——"双减"如何不减质?

📖 案例故事

"双减"时代正式来临,这对于孩子们来说,将是一场前所未有的全新考验。"双减"政策出台以后,如何进行各学科的学习是家长普通关心的问题。开学后,孩子们减少了课外补习的时间,学校托管也延长了放学的时间,那高年级的学生家长到底能做些什么呢?

🎯 理论分析

所谓"双减",第一是减轻中小学生的作业负担,第二是减轻中小学生的校外培训负担。

"双减"的提出,源于中共中央办公厅、国务院办公厅 2021 年印发的《关于进一步减轻义务教育阶段学生作业负担和校外培训负担的意见》（以下简称《意见》）。《意见》要求全面压减作业总量和时长，减轻学生过重作业负担；坚持从严治理，全面规范校外培训行为等。

"双减"虽然名为减负，但其实远远不是学生的负担问题。大范围过度培训将直接影响教育考试评价结果的真实性，阻碍教育公平的实现，挤压学校正常的教育教学时间，与"坚持立德树人"的教育方针相背离。

这当然是大事中的大事，必须站在实现中华民族伟大复兴的战略高度来加以认识和考量。应该坚持以习近平新时代中国特色社会主义思想为指导，全面贯彻党的教育方针，落实立德树人根本任务，着眼建设高质量教育体系，强化学校教育主阵地作用，深化校外培训机构治理，构建教育良好生态，促进学生全面发展、健康成长。

《意见》制定了"双减"工作的总体目标：在校内方面，使学校教育教学质量和服务水平进一步提升，作业布置更加科学合理，学校课后服务基本满足学生需要，学生学习更好回归校园；在校外方面，使校外培训机构培训行为全面规范，学科类校外培训各种乱象基本消除，校外培训热度逐步降温。工作进度方面，一年内使学生过重作业负担和校外培训负担、家庭教育支出和家长相应精力负担有效减轻，三年内使各项负担显著减轻。

减轻学生过重作业负担，这是"双减"工作的指向之一。应该说，作业是学校教育教学管理工作的重要环节，是课堂教学活动的必要补充。问题是，目前一些学校作业数量过多、质量不高、功能异化，既达不到温故知新的效果，又占用了学生正常的锻炼、休息、娱乐时间。

此前，教育部已经将"作业管理"作为"五项管理"的重要内容，印发了《关于加强义务教育学校作业管理的通知》，提出了十条具体措施，并对各地落实情况开展了专项督查。这次《意见》在总结以往工作基础上，又提出了多项明确要求。

💡 名家观点

一年之计，莫如树谷；十年之计，莫如树木；终身之计，莫如树人。

——《管子》

教师支招

家长要经常与学校、老师联系，掌握孩子的思想动态，有效引导孩子。有的家长认为自己的责任就是接送孩子上学，认为教育孩子是学校和老师的事。这是非常片面的想法。孩子有不好的表现或问题时，家长应该与学校加强配合与联系，了解孩子的思想动态和问题的根源所在，有针对性地采取有效的、有利于孩子接受的方式方法，引导孩子向好的方面发展。

在孩子教育方面不能采用极端的方法或手段。高年级的孩子慢慢进入青春期了，有的家长在对孩子采取的教育措施无效时，就通过暴力手段，或放任不管，这都是不可取的。真正要做的是了解他们的内心世界，分析根本原因，从关心和帮助孩子成长、发展方面来着手，采取孩子易接受的方法来教育。

孩子非常在乎家长是否全身心地投入、关注他们的成长。有的家长虽然与孩子常年在一起，但不一定经常沟通。大多数家长都是以忙为理由，忽视亲子教育。亲子教育应走在孩子的生理、心理发展的前面。家长不断学习、提升教子能力，方可赢得孩子的尊重。

营造一种良好的学习氛围。孩子的学习环境一定要安静，这样利于孩子思考。家长也要以身作则，引导孩子养成良好的学习习惯：主动学习的习惯、时间管理的习惯、阅读习惯等。

亲 子 游 戏

游戏名称：同心合力

游戏目的：通过游戏巩固亲子关系，增强亲子之间的沟通，为家长和孩子创造一个融洽的交流氛围。

游戏过程：所有家庭成员围成圈站着，一个人喊完"1、2、3"时，所有人都要伸出一只手抓住其他人的手，抓好后便开始用各种方式解开，但是握着的手不可松开，直到最后解开为止。如果解不开可以重新开始游戏。

游戏要点：游戏过程中家长可以多和孩子交流沟通，创造一个和谐、友爱的氛围。

习惯

4 从顽石中开出一朵花——如何应对孩子"破罐子破摔"的行为？

📖 **案例故事**

早晨，我正在批家校联系本，批到泽泽那一本，看到一段话："李老师，这孩子每晚回家做作业要做到9点多，不管用什么办法都无效。为了这孩子，我和他奶奶简直要被他气死了……"

早知道泽泽这孩子拖拉成性，完成作业速度慢，不听从家长的教导。没想到，事态居然如此严重。我不禁回想起他令人头疼的一幕幕：作业本上的字迹歪歪扭扭；本子常常被橡皮擦得乌黑甚至破损；不管是数学课、英语课还是语文课，下课铃响起，没交上作业的几个人中，一定有他。老师们恨铁不成钢，眉头都拧成了一个个疙瘩，他却总拿出一副"破罐子破摔"的姿态：就这样了，随你处理……在学校里都是如此，更何况在家里呢？

如果一个孩子"是一个蒸不烂，煮不熟，捶不扁，炒不爆，响当当一粒铜豌豆"，那家长到底该怎么办呢？

🎯 理论分析

破窗效应理论认为环境中错误的现象如果被放任不管，就会让人失去警惕，不但诱使人模仿，还会形成难以改变的坏习惯。比如，一栋完好的房子，有人故意打碎一扇窗。这扇窗没有得到及时修补，长时间后，故意打碎窗的人觉得这件事没人管，窗是可以随便被打破的，他还会继续打破剩余的窗。而在外人看来，这房子是破房子，没人管。房子就像规则，打破第一扇窗只是起点。事情为什么会持续恶化？为什么后面会有人不断地打破规则呢？原因在于第一扇窗破碎后，打破窗的人没有受罚，这给了后来者心理暗示，诱导他们不断去打破窗。

孩子是如何利用破窗效应打破规则的呢？例如，第一次，孩子第一次用哭闹的方式要求父母买玩具时，父母是不是满足了孩子的要求，哄孩子开心？孩子第一次摔坏东西、撒谎、逃避责任时，父母是不是仅仅一笑了之？孩子第一次对他人表现得无礼傲慢，父母是不是用"孩子还小不懂事"当借口？孩子第一次与小朋友吵架，发生矛盾，父母是不是蛮横无理地为孩子找面子，要孩子打回去？孩子在破坏规则的边缘疯狂地试探，父母却一次又一次地视而不见。

直到父母发现房子没有一扇完整的窗户时才开始管教。对于已经养成习惯的孩子来说，这种管教来得太突然，双方之间不可避免地产生矛盾，甚至伤害。这种矛盾积累到临界点，孩子就会形成"破罐子破摔"的逆反心理。

名家观点

天行健，君子以自强不息；地势坤，君子以厚德载物。

——《周易》

教师支招

1. 培养孩子的独立意识

许多家长将孩子的衣食住行照料得无微不至，但会让孩子在这种关爱当中失去独立性，对家长越来越依赖。久而久之，孩子越来越没有能力适应社会生活。到最后，家长意识到了这一点，也会埋怨孩子。实际上家庭教育的好与坏，跟心理学中的破窗效应有一定联系。

2. 帮助孩子树立正确的"三观"

孩子如果永远都处于破窗效应当中，会有什么结果呢？首先，破窗效应会很容易引起连锁反应，当孩子表现出生气的情绪，而家长没有去及时进行疏导，就极有可能导致孩子将这种情绪不断放大。孩子产生不良行为之后，家长并没有制止，反而觉得无所谓，这样就可能让孩子无法意识到这个问题是错误的，让孩子有得寸进尺的想法，甚至会出现有更多的不良行为。

如果想要正确地引导孩子，那么就需要对他们的不良行为及时纠正，才可以避免发生更多的问题。

3. 尊重孩子的想法

在对孩子进行家庭教育的过程当中，家长需要尊重孩子的想法，理解孩子产生不良行为的原因。针对孩子的错误，家长可以包容，但也需要教育他们，要让他们意识到哪些是不良的行为，不能一错再错，这样才可以让孩子在之后成长的过程当中对于不良的行为认真地分辨。正所谓"教育的艺术不在于传授本领，而在于激励、唤醒和鼓舞"。

家长作为孩子人生当中非常重要的引导人，要多鼓励孩子，并纠正孩子的不良行为习惯，并且多关注孩子日常生活的行为和情绪，多留意他们的举动。

亲 子 游 戏

游戏名称：站得稳才能走得远

游戏目的：通过游戏培养孩子脚踏实地的学习习惯，帮助孩子一点点地消除心浮气躁的情绪。

游戏过程：用粉笔在地上画一个大圈，再在上面画两个小圈。音乐响起，父母和孩子牵手在大圈里往右走，靠近小圈的时候可以用力拉自己身边的人，使他站不稳而走进小圈中。音乐停了，再开始改变方向往左走，以此类推。走到小圈中两次以上的人算输，要接受惩罚。

游戏要点：在游戏过程中，如果孩子没有站稳而走进了小圈里，父母要及时引导孩子，告诉孩子脚踏实地的重要性。如果孩子走得很快，要及时告诉孩子不要心浮气躁，凡事要一步一个脚印才会取得成功。

品 德

1 真假英雄——如何树立孩子正确的英雄观？

案例故事

由于父母在异地工作，五年级的贝贝跟爷爷、奶奶生活在一起。贝贝从小就是个典型的"奥特曼男孩"，即非印有奥特曼的衣服不穿，非奥特曼的系列玩具不玩，就连书包、铅笔盒等学习用品，他也要印有奥特曼的。而且，他还常常把自己打扮成奥特曼的样子，在家里喊打喊杀的。因为在他的心里，奥特曼就是这个世界上真正的"英雄"！

爷爷、奶奶一开始觉得这没什么，认为小男孩嘛，多点打打闹闹的行为也很正常。可是，最近他们发现，自从贝贝升入高年级，他的行为越来越过分了。他在学校里，动不动就跟同学动手打架，打了同学也不觉得自己有错，还扬言这是在帮助奥特曼维护校园的安全！

当学校的老师发现这种情况批评教育他时，他还很有理由地说，他这是为了校园和平，在做正确的事！

为此，贝贝的爷爷、奶奶都那么大岁数了，还好几次被老师叫到学校谈话。他们觉得很没有面子，也不知道要如何再继续教育贝贝。

有一次，在异地工作的爸爸、妈妈来到学校和老师沟通，贝贝妈妈边流泪边说："我常年在外打工，对贝贝的教育少之又少，现在很后悔。可是眼看着孩子升入高年级后，力气比以前大了，个子比以前高了。想告诉他什么是真的'英雄'，却不知道从哪儿开始。"

🎯 理论分析

由于青少年尚处在青春发育期，心智还不太成熟，他们的追星行为在大多数情况下都是冲动和盲目的。偶像崇拜作为当今社会一种特殊的社会现象，已经逐渐形成了一套自成体系的模式。它作为一种亚文化对于我国社会与主流文化的发展有着越来越重要的影响。

心理学家认为，偶像崇拜是一种特殊的社会心理现象。青少年由于正处于青春发育期这样一个特殊的成长阶段，自身还不能形成完整而成熟的价值体系，再加上缺乏安全感和归属感，因而他们中的大多数会通过对偶像的崇拜来获得心理上的安慰，这其实也是青少年在这个阶段所产生的一种心理附属品。那么青少年偶像崇拜形成的社会心理学的作用机制是什么呢？下面就从几个方面来分析一下。

1. 自我意识的发展与社会认同的需要

青少年时期是自我意识产生和发展的关键时期。所谓自我意识，就是指个人能够觉察到自己的存在，以及对在社会交往过程中自己与他人所形成的关系的判断。在这一过程中，个人需要寻找一种参照物来衡量自我意识的发展程度。根据马斯洛的需求层次理论，人类都有自我实现的需要，这是一种较高层次的需求，因而青少年在自我实现的过程中，亟须一种榜样力量来帮助自己提升自身的社会认可度。因此，偶像就变成了青少年模仿和学习的重要对象，他们通过学习偶像身上的某些特质和行为方式，来使自己也通过具备这些品质和做出相似的行为来获得更多的社会认同。

2. 心理归属的需要

这一时期，青少年慢慢与父母疏远，寻求属于自己的成长空间。但他们在潜意识里对于父母的依恋是无法割舍的，这就相当于情感上的又一次"断乳期"。所以青少年需要去寻找新的对象来代替情感上对于父母的依恋，偶像在某种程度上来说就相当于父母的"替代品"。青少年通过对自己偶像的崇拜与仰慕来填补自己内心的空虚，在偶像身上寻求一种安全感和归属感。也正是这种移情的方式，有效地满足了青少年在摆脱对父母依赖的过程中寻找心理归属感的需要。

3. 从众心理的影响

青少年在大多数时间里都是和自己的同龄群体一起学习和游戏，再加上这一时期的青少年心智发育还尚未成熟，缺乏对事物的判断能力，因而行为方式和价值观念极易受到周围人群的影响。受从众心理的影响，许多青少年会在周围同学的带动下，跟随别人一起崇拜偶像。这是一种非理性的选择方式，一味盲从可能最终会导致青少年失去方向，致使形成对偶像的盲目迷恋，从而引发严重的后果，造成更多"杨丽娟事件"。

4. 班杜拉的社会学习理论

在众多的社会心理学理论中，有一个重要的理论就是班杜拉的社会学习理论。该理论认为，观察是一种重要的学习方式，个体通过对他人的观察和学习从而达到强化自己行为的目的。而偶像正是青少年进行观察和学习的重要对象，他们通过对自己偶像的模仿学习，来形成与之相近的一套行为模式及人格特征。如果这种行为方式是正确的、合理的，那么就是值得提倡的，但如果只是盲目的模仿和学习，不做价值判断就全盘照学，那么这就是一种错误的方式了。

名家观点

如果说英雄是真诚的人，那为何我们不能成为英雄呢？

——托·卡莱尔

教师支招

父母作为孩子的第一任老师，在引导孩子树立正确价值观的过程中，起着举足轻重的作用。父母需要不断学习，不断加强自身的修养，要时刻把握教育实质，透过现象看本质，和孩子一起认识新事物、新规律，遵循规律、应用规律，和孩子一起探索未知世界内错综复杂、乱象横生的现象，正确引导孩子，不被其迷惑、误导、困扰。父母要让孩子树立正确的价值观，就必须做到以下几点。

1. 言传身教

父母在日常生活中的一言一行至关重要。孩子认识世界时，会把大人看作模仿的对象。如果大人的言行不一致，将会直接影响、误导孩子。所以，父母要多读书、多思考、多交流，特别是在教导孩子价值观时，要通过自身的一言一行来给孩子传递正能量。

2. 培养责任意识

正如西点军校的法则所说，"绝不推卸责任，敬业为魂，从小事做起，细节决定成败"。从小，父母应该告诉孩子每个人都要承担责任。学生当前的责任就是学习文化知识，军人的责任是保家卫国，医生的责任是救死扶伤……每个人对待责任，必须要有担当意识。只想坐享其成，那是不可能。一个人要负责任，有担当意识，那么他的人生之路将会精彩纷呈。

3. 培养助人意识

志愿服务是培养孩子助人意识的最好活动。父母可以带着孩子积极参加社会服务等活动，如帮助老人打扫卫生、帮助邻居修剪草坪或者参加社区开展的志愿服务。

4. 培养诚信意识

古人云："诚，五常之本，百行之源也。"由此可知，诚信是行为的源泉。要培养孩子的诚信意识，不要在孩子面前说谎，不轻易许诺，教导孩子言出必行。孩子若缺乏诚信，则要正确引导，让孩子知道错误所在，纠正错误，引导孩子做一个诚实守信的人。

5. 培养良好习惯

我们常说，行为习惯的养成是孩子终身享用不尽的财富。好的习惯的养成会贯穿孩子的一生。正确价值观是从每一言、每一行中日积月累而形成的，是一笔精神财富。家长让孩子从小养成良好习惯，为他今后的人生舞台储备精神食粮，孩子才能走得越远、越稳。

亲 子 游 戏

　　游戏名称：谁是英雄

　　游戏目的：通过游戏，给孩子树立正确的英雄观，让孩子认识到品德良好、具有责任意识、认真学习和生活的人都是英雄，鼓励孩子做自己的英雄。

　　游戏过程：前期设计几个角色。这几个角色可以是动画人物，如奥特曼、铠甲勇士；也可以是真实的，如警察、消防员、军人。每个人都要根据自己的角色写一篇"竞选稿"，然后在大家面前进行竞选发言。

　　游戏要点：首先，家长和孩子要根据扮演的角色，做好发言准备，发言内容要围绕"我是英雄"这个主题来进行。其次，家长和孩子同时担任评委，大家一起对英雄角色进行评判。再次，家长要注意引导，游戏的目的是分析英雄角色的品质，而不是评判。最后，鼓励孩子做自己心中的英雄。

品 德

2 "欲擒故纵"——如何引导孩子不做校园霸凌者?

📖 案例故事

张明是一所农村小学六年级的学生。从小就是出了名的"小霸王"。从五年级开始,因为在班级中有了收作业、奖扣积分的权力,他便更肆无忌惮。

有一天,班里的同学突然跑来跟老师说:"不好了,不好了!小强和小风在阳台被打了!老师你快去看看吧!"老师迅速前往,发现两名瘦小的男孩,正在学校阳台被张明暴打,还被连续踢头,一旁还有同学在起哄。尽管两个男孩被打到下跪,但张明还是不依不饶,继续拳打脚踢,直到老师和学校领导上前制止,他才冷静下来。

事后,学校到张明的家和他的父母进行了沟通,了解了出现这种情况的原因。原来，家长从小就和张明说："在外面不要吃亏，如果有人做了让你不满意的事，你就打回去，不要怕打坏他。如果打坏了，我们家赔。"班主任老师说："小时候的张明还没有显现出问题，进入高年级之后，他和同学有不愉快的事情发生时，就只会用拳头来解决，而不是用讲道理的方式来和平解决事情。"家长也不知道要用什么样的方式来引导张明不要做校园霸凌者。

🎯 理论分析

校园霸凌越来越引起学者的关注，最早重视并开始校园霸凌研究的是挪威学者奥维斯，他将校园霸凌定义为"一名学生长时间并且重复地暴露于一个或多个学生主要的负面行为之下。霸凌并非偶发事件，而是长期性且多发性的事件"。英国伦敦大学彼得·史密斯教授把校园霸凌分成两类——直接霸凌和间接霸凌。直接霸凌是指不需要第三方人员介入的霸凌形式，如打、踢、推等身体霸凌和辱骂、威胁、戏弄、羞辱等言语霸凌行为；间接霸凌是通过某种中介手段达到霸凌对方的目的，如背后说人坏话、散布谣言和孤立排斥。

为什么会有霸凌文化？

1. 逃离文化

目前我国教育片面以学业成绩的好坏来判断学生的好坏，所以有的学生因为学业成绩的失败，在学习上得不到乐趣，开始有意识或无意识地逃离课堂或学校。学校场域中的逃离文化分为两种，"一种是静默性逃离，另一种是攻击性逃离"。在校园"逃离文化"中，"静默性逃离"往往是少数，这类学生以静默的方式逃离课堂或学校，往往个性都比较内向、懦弱；"攻击性逃离"的学生群体同样难以认同和喜欢课堂和学校，他们组成一个非正式群体，与学校主流文化相悖，带有很强的攻击性、霸凌性，比如，捉弄同学、排挤同学，最终演化为实实在在的校园霸凌。

2. 群体心理

从社会心理学角度来看，校园霸凌是一种暴力语言的表达，群体的无意识色彩浓厚。人是社会性动物，当人面临一个情境不知道怎么做时，往往参照他人的行为表现，再决定自己该怎么做。这是人的一种心理"本能"，被称为从众心理。在校园霸凌事件中，即使霸凌者中有人觉得违背自己的良心或道德原则，为了避免被霸凌者群体中其他成员"嘲笑"或避免被排斥，也会有更为明显和积极的霸凌行为。

3. 家庭传统文化

研究表明，校园霸凌终究可以从家庭文化中找到原因。我们国家历来有"忍"和"和"的文化传统。发生校园霸凌事件，无论是学校还是家长，都倾向于"一团和气"和"忍一时风平浪静"的解决方案，殊不知正是由于"忍"和"和"的文化助长了霸凌行为的发生。

4. 学校亚文化

通常，一个群体内会有一个主流文化影响或制约群体内成员的行为，比如，学校倡导学生好好学习，以成绩好的学生为榜样。这就在告诉其他学生，只有成绩好、符合学校规范的学生，才会被学校所认可。那些成绩不好的学生，就无法得到学校主流文化的认可，从而倾向于建立自己的亚文化群体。这就会在学校中形成一些"帮派"，在学校里横行霸道，导致校园霸凌事件的发生，这就是学校亚文化在起作用。这样的亚文化群体更有可能反对学校的主流文化，通过暴力或者霸凌其他同学来彰显自己。

名家观点

勿以恶小而为之，勿以善小而不为。

——《三国志》

教师支招

第一，不能教孩子一味忍耐。要教会孩子正确评估自己，适当的时候懂得还手，这样孩子才有底气保护自己，不会被当作弱者而受到霸凌。

第二，家长要教会孩子表达。有的孩子受到霸凌后甚至不敢告诉家长。所以，家长一定要主动去了解孩子，走进孩子的内心。

第三，提高孩子的自信心。受欺负的孩子往往比较自卑、内向，得不到认可，所以父母要鼓励孩子、认可孩子，这样孩子才会有信心面对生活中的问题。

第四，家长要及时疏导孩子的情绪，避免孩子的情绪出现两极化。有的孩子受欺负后会越来越自卑，而有的孩子会积压负面情绪，一旦爆发，后果不敢想象。

亲 子 游 戏

游戏名称：心理剧表演

游戏目的：通过心理剧剧本的设计和角色的扮演，让孩子意识到霸凌行为是错误的，也让孩子意识到如果自己正在被霸凌要及时寻求帮助。

游戏过程： 让孩子把现实生活中的问题和冲突以角色扮演、情境对话等形式呈现出来。在心理剧中，鼓励孩子自己编写剧本，由两位家长来分别扮演霸凌者和被霸凌者，孩子则作为心理剧的观众在台下观看。表演中，要为孩子与家长创造更多交流和沟通的机会。在一次表演结束后，孩子可以参与进来，临场发挥。

游戏要点： 首先，在孩子作为观众时，家长在表演之后，要与孩子进行沟通和交流，让孩子发表自己的见解。其次，在孩子参与进表演之后，家长要引导孩子往正确的方向进行随机表演。

3 反其道而行——如何应对孩子的当众揭短行为？

📖 案例故事

又到评选"进步之星"的时间了。每个月老师都会根据孩子的日记——"某某同学最近进步快"来评选这一个月最有进步的孩子。

经过统计之后，李杰和陈晨高居榜首。这两位啊，可是鼎鼎有名的"四大金刚"之二，通过家长、老师的帮助，取得了很大的进步，与之前相比有了非常明显的变化。

老师当即宣布了投票结果，教室里响起了热烈的掌声。这时，木木猛地站了起来，大声说道："老师，今天大课间出去排队做操的时候，李杰踢了我一脚，踢得我好痛的。陈晨也是，与前面的高明做操时打来打去。"木木站起来检举揭发。

听到木木这一说，李杰连忙在下面申辩："我没有！我没有!"他眼睛里射出愤怒的火花,朝木木看了一看,尴尬地坐着,脸红红的。"我也没有!"陈晨也在座位上说道,小眼睛朝木木看了一看,抿了抿嘴,一腔的愤怒,一脸的尴尬。

哎呀!这个木木啊,就是喜欢这样不合时宜地"泼冷水",通俗一点来讲,就是喜欢这样"当众揭短"。

老师把这个情况和木木妈妈沟通后,没想到他妈妈告诉我:"这个孩子在家也是这样,不分场合,不分长幼,总爱揪着别人的缺点不放。批评他,他还觉得自己很有理,都这么大了,真不知道该拿他怎么办!"

🎯 理论分析

孩子爱打"小报告"的行为是一种正常现象,家长应给予包容和理解。面对这种情况,家长应该认真思考原因,对症下药,不应盲目制止或者无视。爱打"小报告"不等于反映问题。无论在学校还是职场,总有人会有意无意地把大家私底下开的玩笑、组织的活动"送"到领导的耳朵里去。尽管不容易被抓到真凭实据,但每个人其实都心知肚明,并暗自防范这些"告密者"。

"打'小报告'其实是大人给孩子贴的标签,以成人的眼光看孩子。"站在孩子的角度看,孩子打"小报告"的原因主要有以下三种。

第一,孩子的语言能力开始加速发展,孩子渴望沟通与交流,希望被重视。

第二,孩子处理事情的能力较弱,勇气也不足,认为老师和家长无所不能,所以依赖大人。

第三,在规则、秩序建立时期,孩子对别人破坏规则的行为比较敏感。心理学家科尔伯格认为,10岁以前的小孩还没有形成内在的道德标准，规则意识不清晰，他们对规则的判断只取决于大人的裁决，所以当自己因为某种原因受罚，而其他小朋友也犯了同样的事却没有受罚的时候，会觉得规则被动摇，也觉得十分不公平，所以一定要讨个说法。其实这在孩子看来，是无可厚非的正义之举。尤其是渴望交流、渴望被重视的孩子，还有处理事情的能力不足的孩子，当是非观念发生冲突时，更易打"小报告"。

据调查统计，许多打过"小报告"的人认为，自己是为了维护自身利益以及让上级了解情况；但82.5%的人认为打"小报告"与向领导反映问题存在本质差异，被打过"小报告"的人则认为"告密者"别有用心，是为了拉拢与其他人的关系。打"小报告"被人不屑，可总有人热衷于此。究其原因，是它能带来利益。

巴金在《怀念马宗融大哥》中写道："无所不谈，但是讲的全是心里的话，真可以说大家都掏出了自己的心，也没有人担心会给别人听见出去打小报告。"打"小报告"使人与人之间失去信任，多数人惴惴不安，没有安全感，团队气氛紧张不安，人际关系疏远戒备，要重建信任相当困难。

💡 名家观点

海纳百川，有容乃大；壁立千仞，无欲则刚。

——林则徐

🖥 教师支招

第一，家长不必过于紧张，不要把事情扩大，当然也不宜一点都不当回事，把握好度，是最为关键的一点。

第二，要正确认识孩子在成长过程当中的一些变化，引导孩子与其他孩子沟通。如果孩子有需要改进的地方，就及时改正。另一方面，孩子要试着与告密者沟通，直截了当地说："你如果对我不满，不妨把话说清楚。"如果对方不承认，不必戳破，可以说："以后有任何问题，希望你能直接告诉我。"要让他知道，不可以一再这样做。

第三，家长遇到孩子打"小报告"的时候，要理解孩子的感觉和心理状态，认真听孩子讲他们的诉求。

第四，如果孩子爱打"小报告"的话，那么家长可以和老师一起商量如何解决这个问题。

亲 子 游 戏

游戏名称：你争我抢

游戏目的：通过游戏，引导孩子学会尊重，引导孩子树立公平合作、互利共赢的集体意识。

游戏过程：准备一个瓶子，再准备几个乒乓球，想办法将细绳和乒乓球连接起来。家长按照参与游戏的人数，把连接好细绳的乒乓球放入瓶子中，只留下绳子的另一端在外边。每个人手握一根细绳，看看谁能最快地把乒乓球从瓶子里拉出来。

游戏要点：首先，准备的瓶子瓶口要比乒乓球大，以便能把球拉出来，同时瓶口又要适当，只能让一个乒乓球进出。其次，在拉取乒乓球的时候要有人计时。最后，在游戏的过程中，家长在孩子主动提出谁先谁后这个规则之前，家长不要主动提起，要让孩子经历失败与困惑，在游戏中主动感悟。

4 真正的强者——如何引导学生正确面对挫折？

📖 案例故事

　　小丽现在的心情很沉重，但她克制着，不想使自己的眼泪落下来，让大家认为她是一个软弱的人，可是刚才那一幕像录像一样又出现在她的眼前。

　　"丁零零"，上课铃响了，老师笑吟吟地迈进了教室，说："这节课竞选班干部。"大家叽叽喳喳地议论起来。小丽虽默默无言，但心里像吃了定心丸，心想："凭我当了几学期中队长的资历，再加上上学期又是三好学生，怎么说这中队长我是当定了。"

　　小丽静静地坐着，听着几位"自告奋勇"的同学的发言，不禁有点儿羡慕他们的勇气。突然，老师点了小丽的名字，她站起来愣了一下，支支吾吾地说："我想继续当中队长。"老师听了也满意地笑了。

她正在得意，谁知同班男生燕伟一下站了起来说："我也想竞争中队长。"从他那涨红了的脸可以看出他内心一定非常激动。"哗"，教室里掌声四起。老师挥了挥手说："下面给你俩10分钟时间，说一说搞好中队工作的设想，然后再进行民意测验。"结果，燕伟以票数的绝对优势当选了中队长。小丽苦笑着，勉强拍了几下手。放学了，小丽呆呆地坐着，她不知回家如何面对父母，如何面对老师和同学。

🎯 理论分析

挫折是指个体在从事有目的的活动过程中遇到障碍或干扰，个人行动目标不能达到，需要不能满足时的情绪状态。造成挫折的原因包括主观和客观两个方面的因素。一个人是否体验到挫折，与他的抱负水平有关。当他把自己所要达到的标准定得过高，超过了实际的能力，就很容易产生挫折感。面对挫折，不同人的态度是不一样的，其结果也就完全不同。持积极态度的人正视挫折，他们内心的安全感使他们坦然地面对成长过程中所遇到的一切，他们不回避前进途中的障碍，而是想方设法地解决和战胜它。持消极态度的人遇到挫折时则退缩、回避、幻想或妥协，被挫折所压倒。小学生由于受身心发展和社会阅历等的限制，还不能对自己和社会有清楚的认识，他们的目标期望值往往比较高。因此，挫折是小学生在生活和学习中时常会遇到的问题。案例中的小丽认为自己会毫无疑问地当上中队长，但是事实不是她所想的那样，这使她产生了挫折感。教师应从积极的方面引导小学生正确对待所遇到的困难和挫折，使他们认识到困难和挫折是生活中的一部分，并教育他们如何应对所遇到的挫折，提高对挫折的耐受力。

名家观点

不因幸运而故步自封，不因厄运而一蹶不振。真正的强者，善于从顺境中找到阴影，从逆境中找到光亮，时时校准自己前进的目标。

——易卜生

教师支招

1. 引导孩子做好面对挫折的心理准备

大多数小学生对遭遇挫折没有心理准备。因此，家长在和孩子沟通时要适当渗透这方面的内容，应该让孩子明白：首先，挫折是任何人都不可避免的，具有普遍性、客观性；其次，产生挫折的原因有外部原因，也有内部原因，应该具体问题具体分析；再次，虽然挫折是令人不快的，但是这种体验可以由自己控制，应使自己在各种挫折中锻炼、成长。

2. 利用遇到的困难进行抗挫折教育

研究表明，早年的挫折经验对成年后的影响甚大。如有人用动物做电击实验，发现凡幼年受过刺激的动物，成年后对刺激能表现出迅速而有效的反应；反之，则不反应或反应迟缓，而且有效性也差。对人类来说也是如此。一个从小经过逆境磨炼的人，成年后就更能有效地适应环境。所谓"自古雄才多磨难，从来纨绔少伟男"，说的就是这个意思。正因为如此，许多有远见的教育家强调从小让孩子经受艰苦磨炼，使其懂得生活中还有逆境、坎坷、困难等。例如，苏霍姆林斯基就认为，必须让孩子从小知道生活里有一个词——

困难，这个词跟劳动、流汗、手上磨出老茧分不开，这样，他们长大后就会大大缩短社会适应期，提高对挫折的耐受力。

3. 注意利用榜样进行挫折教育

对于以模仿为天性的孩子来说，榜样的力量是无穷的。因此，如能适时向小学生提供可模仿的、勇于战胜挫折的榜样，当然能加深小学生对挫折的认识，激起其内在的上进热情，进而将上进的热情转化为战胜挫折的信心、勇气和动力。挫折现象的普遍性决定了榜样的丰富性，对小学生进行挫折教育时，可提供的榜样主要有以下三类。第一，中外著名人物中战胜挫折的典型范例，如因遭受失学挫折而奋发成才的爱迪生、法拉第、蒲松龄，战胜病残而卓有成就的贝多芬、张海迪。第二，全国著名的少年英雄模范，例如，边荣唐用 7 岁的稚嫩双肩支撑着一个残破家庭，成洁失去双臂，却谱写了生活的新旋律。第三，学生身边战胜挫折的同学榜样。要注意发现学校、班级中的这种榜样，并及时选择时机对学生进行教育。实践证明，由于这样的例子发生在学生身边，因而学生感到真实可信。总之，当学生能自觉地用这类榜样作为衡量自己的尺度时，其挫折就会成为努力的新起点和成功的新台阶了。

4. 通过个别心理咨询进行宣泄

如有需要，家长可以通过专业的心理咨询平台让孩子缓解紧张的心理，提高其适应能力，维护其身心健康。心理咨询不仅可为遭受挫折的学生提供心理疏导，而且能使他们学会正确地认识挫折和掌握应付挫折的方法。

亲 子 游 戏

游戏名称："小猫钓鱼"

游戏目的：通过游戏，让孩子在游戏中直面失败，直面挫折，并培养孩子的抗挫折能力。

游戏过程：准备一副纸牌，双方平分。通过猜拳决定谁先出牌，把双方出的牌，排成一条直线，每当新出的牌与前边的牌有重复时，重复牌之间的牌都可以被最后出牌的人取走，直至一方的牌被对方取得所剩无几。

游戏要点：当一个人赢牌的时候要说出"我赢了一次"，输的人也要说"我输了一次"！另外，双方要遵守规则，不能为了赢牌而出现作弊的情况。

学业 1 我们的"大语文"——"双减"之下怎样做好语文初小衔接？

📖 案例故事

一天下午的语文课上，我一回头看见伟哲竟趴在桌上睡着了，我惊讶极了，走过去轻轻推醒他。他看见我之后吓坏了，但我没有当场批评他，让他下课到办公室来。

在办公室里，我关心地问他："怎么了，昨晚没睡好？"他低头没有回答我。我笑了笑，因为我心里很清楚，他是个乖孩子，成绩也一直在中上游，像上课睡觉这种事更是从来没发生过，莫不是有什么原因，瞌睡虫怎么在六年级的时候突然找上他了？

见我一直等他的回答，他终于小声地回答道："李老师，其实，从这个暑假，我就每天在家做题，我妈妈还让我按照她的计划自学初中的课本。我开学后每天晚上都看书到 11 点……""啊？"我十分意外，这也太夸张了，这种学习方式明显超出了孩子的负荷。

晚上，我赶紧找他妈妈沟通，电话中我明显感觉出他妈妈的焦虑："李老师，眼看孩子要上初中了。这初中学习任务更重，我就想着让他提前学学，现在不是'双减'吗？回家后，孩子的作业基本已经完成了，我就怕他闲着，就给他借来了所有初一的课本，不管怎么说提前学学总没坏处吧？没想到他竟然在课上睡着了……哎，怪我，李老师，你说我该怎么给他进行初小衔接才合适呢？"

🎯 理论分析

根据著名教育学理论"耶基斯 – 多德森定律"，在一般情况下，动机愈强烈，工作积极性愈高，潜能发挥得愈好，效率也愈高；与此相反，动机的强度愈低，效率也愈低。因此，工作效率是随着动机的增强而提高的。同时，心理学家耶基斯和多德森的研究证实，动机强度与工作效率之间并不是线性关系，而是倒 U 形的曲线关系。具体体现：动机处于适宜强度时，工作效率最佳；动机强度过低时，缺乏参与活动的积极性，工作效率不可能提高；动机强度超过顶峰时，工作效率会随强度增加而不断下降，因为过强的动机使个体处于过度焦虑和紧张的心理状态，干扰记忆、思维等心理过程的正常活动。

上述研究还表明：动机的最佳水平不是固定的，依据任务的不同性质会有所改变。在完成简单的任务时，动机强度高，效率可达到最佳水平；在完成难度适中的任务时，中等的动机强度效率最高；在完成复杂和困难的任务时，偏低动机强度的工作效率最佳。

当许多小学六年级学生临近毕业考试时，习惯的做法就是沉浸于题海。其结果是不但降低了复习效率，而且对于提高复习技能、完成中小学课程衔接并无益处。最佳的动机激起水平与复习任务的难度密切相关：任务较容易，最佳激起水平较高，在比较容易的任务中，工作效率随动机的提高而上升；随任务难度的增加，动机的最佳水平有逐渐下降的趋势。一般来讲，最佳水平为中等强度的动机。

在孩子进行毕业考试的复习冲刺阶段，要根据学习任务的不同难度，恰当地控制他们学习的动机水平。在学习任务较容易时，则应尽量创造使孩子集中注意力、使孩子尽量紧张一点的学习氛围；而在学习较为复杂、困难的课题时，则应尽量创造轻松、自由的复习气氛，在孩子遇到困难或出现问题时，家长要尽量心平气和地慢慢引导，以免孩子过度紧张和焦虑。

名家观点

生活即教育，社会即学校，教、学、做合一。

——陶行知

教师支招

"双减"背景下小学六年级学生临近毕业考试时，首先家长要有意识担当——不减责任，不减质量，不减成长！

孩子的成长离不开家长的教导、家庭的熏陶。减轻学业负担，不代表减去家长的责任，与之相反，它更考验家长的担当。因此，在至关重要的毕业考试前夕，家长的陪伴尤为重要。陪伴是责任，养育是责任，以身作则是责任。履行父母的责任，就是对孩子的人生负责。

"双减"减去了作业的总量，减去了课外培训，让学习回归课堂。在这一关键时期，作为最了解孩子的人，家长要更专注于培养孩子的自控力、专注力和情绪管理能力，与老师携手，共同为孩子的成长助力。要知道，孩子的学习，尤其是复习，是一个爬坡、螺旋上升的过程，更需要家长和学校的"双向奔赴"。

家庭是孩子成长的"主阵地"，家庭教育是孩子成长中最重要的教育。真正高效、有效的复习，不在于为孩子报了多少班，而在于是否真正参与了孩子的成长。减负减不掉孩子的成长，因为成长是家长与孩子共同完成的一场修行。

其次，在这一重要阶段，家长要做孩子的"学习引领师"，给孩子做好学习榜样。在孩子学习的过程，家长不是监督者，不是纠错师，而是引领师。我们要做的，就是让自己成为孩子眼中的榜样。

"双减"政策落地，与其把目光聚焦孩子的成绩是否下降，不如重新培养孩子的学习习惯，才能真正为孩子的成长保驾护航。在持之以恒的磨合中形成真正有价值又适合孩子的习惯，这一切都需要家长有耐心，坚持监督，及时巩固。

最好的教育发生在行为层面。让孩子真正行动的方式永远是言传身教，当家长发自内心地爱上学习，不断成长，孩子自然能从中汲取充足的能量。做成长型家长，让自己不断学习、不断成长、不断拔节的榜样行动，影响孩子，改变孩子，成就孩子吧！

亲 子 游 戏

　　游戏名称：纸团大作战

　　游戏目的：通过游戏缓解父母和孩子的焦虑，促进亲子之间的交流沟通，增进亲子感情。

　　游戏过程：将家庭成员分成两组，划定自己的"领地"，在两组之间有一个禁区。游戏开始，将卷成球状的废纸仍往对方的"领地"，禁区之内不可以站人。3分钟之内，将纸团扔到对面"领地"较多的一组获胜。

　　游戏要点：在游戏过程中，父母要多鼓励孩子，激发孩子游戏的热情。父母可以多和孩子互动，像朋友那样和孩子交流。游戏结束以后，父母要多多夸奖孩子，以此来促进亲子之间的沟通交流。

学业2 复习不是炒冷饭——如何陪伴孩子进行毕业复习?

📖 案例故事

离期末考试只有一个月了,雅瑄心里急得要命,每天起早贪黑地抓复习,但总觉得效果不佳。

这不,今天早上收上来语文小检测卷,雅瑄妈妈在卷子上写了一段话:"通过检测,发现孩子对基础知识部分掌握得不牢,阅读理解能力弱,习作语言不生动,结构不完整。"这不就是哪儿都有欠缺吗?看来她妈妈并没有找到孩子学习上真正的问题,盲目的复习肯定是没有意义的。

晚上,老师主动给雅瑄妈妈拨去了电话。交谈之后,才知道,临近毕业,每天晚上雅瑄妈妈都会给孩子布置语文、数学、英语三份卷子,必须完成才能睡觉。她想通过让孩子做大量的习题来提高正确率，可是后来，她自己也越来越疲惫，更不用说孩子了。雅瑄每天学习到 11 点。看看雅瑄的练习卷，有好几份隐约能看见她打盹时笔在纸上留下的痕迹。其实这些题对孩子的意义有多大呢？她妈妈心里也没底。但是不做题更焦虑，复习不就是做题吗？看着一摞摞的卷子，似乎心里才能踏实一点。她们就像两个一直在旋转的陀螺，不敢停下，却永远都在原地打转。这样复习的意义何在呢？长此以往，孩子的身体和心理状况都会出问题，成绩更是可想而知。

"李老师，你说到底该怎么复习才好呢？"谈话结束时，雅瑄妈妈无奈地向老师求助。

理论分析

我们可以看出，雅瑄妈妈处于一种急躁、焦虑、不安的状态中，这是一种典型的考前焦虑。考前焦虑的主要原因是自我评价不正确、自我期待与实际相脱节。

雅瑄妈妈对孩子产生较高的期待，而且没有正视这些期待产生的原因，并将其与自身的发展统一起来，认为这些期待是自己的期待，自己应该完成这些期待所代表的任务。当对自己目前的状况与期待进行评估比较时，由于巨大的差异就会产生强烈的危机感。

名家观点

温故而知新，可以为师矣。

——《论语》

教师支招

1. 心态一定要正确，同时帮助孩子调整

提到考试，家长就格外关心孩子，给孩子定目标，如这次考试一定要考多少分。家长应该不要过分地强调成绩，不要给孩子施加压力，影响孩子的情绪。考试成绩不够理想，说明孩子对一些知识点掌握得不好，这是一个查漏补缺的好机会。

2. 系统化复习，提高复习效率

孩子在复习前，应该把本学期所学过的主要内容、重点知识、难点知识整理成一个"知识网"，把每个单元的主题、重点都统一整理，在整理的过程中，孩子就能发现问题，及时消除疑点。这样一来，孩子能够看着"知识网"，轻松地回顾重点知识，还能增强记忆力。

3. 找出问题，提升薄弱环节

家长可以让孩子把原来做过的试卷、资料、作业本找出来，协助孩子找出其中的错题，再找一些同类型问题，让孩子重新做。不做同一道错题，这一点十分重要，但往往被家长和孩子忽略。已经做过的题，孩子有一定的记忆，如果这道题有所变化，孩子还是不会做，那就说明孩子没有真正掌握这个知识点。其实复习一点也不难，最重要的是掌握复习方法，孩子要有针对性、有规划地复习。

亲子游戏

游戏名称：压力独木桥

游戏目的：通过游戏缓解孩子的焦虑情绪，引导孩子正确面对压力、紧张等不良情绪，以此达到舒缓紧张情绪的目的。

游戏过程：家庭成员两人一组，搭建一个独木桥（尽量保证安全）。两人背靠背夹住一个篮球通过独木桥，并进行投篮，投中得1分，中途篮球要是掉了就要从头开始，最后得分高的组获胜。

游戏要点：在游戏过程中，家长要不断提醒孩子在过独木桥的时候不要害怕，遇到困难要勇敢面对，同时告诉孩子，"还有搭档会帮助你"。家长在孩子完成一次投篮时，要表扬孩子，并告诉孩子困难是可以克服的。克服困难的第一步是消除自己的焦虑情绪，最后告诉孩子"你是最棒的"，只要心态正确，方法总比困难多。

学业 3 | 考前更轻松——如何缓解孩子考试前的压力？

案例故事

　　一位六年级的女生正进行毕业复习。一天晚上，在家里听写的时候，因为连续 4 个字写不出来，她失控大哭，持续一个多小时。而在此之前，听写对她来说是很愉快的事情，如果写不出来妈妈会把书给她看一眼或者让她空着等会儿再写，一般写两三次就没问题了。这次，才听写了 10 个左右，孩子就崩溃了，烦躁、自责、愤怒、痛苦，情绪失控。

　　她的妈妈对此感到很奇怪，询问孩子才了解到：班里的同学现在每天晚上都在很用功地学习。她看到周围的同学都在进步，自己就很着急。当发现所写时自己有那么多不会的，她首先就想到"我肯定不能全对，那就得不到表扬"，而她觉得，得不到表扬就是坏孩子，她不想做坏孩子，不想让爸爸、妈妈失望。于是，来自老师和自身的压力把她的精神压垮了，她只有哭。

当妈妈了解到这些信息后，非常心疼孩子，她跟孩子说："不全对也没有关系，爸爸、妈妈依然爱你，成为好孩子有很多原因，并不是说一次失误了就是坏孩子。妈妈以前也在学习上出错过，从来没有谁说妈妈是坏孩子，现在妈妈也不是个坏人呀。"

然后，妈妈让情绪已经平静的孩子睡了。第二天早上，孩子起来，花了不到半个小时复习并完成了听写，高高兴兴地去上学了。

🎯 理论分析

承受压力的能力因人而异，即使是同一个人，也可能会因为身体或心理状况变化而承受能力不同。所以，压力并不是单纯的外部客观事件，它更多的是人们的主观体验。考生考前有心理压力，大多是因为考生察觉到客观事件超过自身应对能力或是带有很强的不可预测性。要改变现状，就必须正确面对这些客观事件。这种应对与适应需要消耗个体的生理及心理能量，这个过程如果持续太久的话，不但会影响考生的学业成绩，而且会威胁考生的身心健康。考生考前压力过大表现为情绪上的焦虑、沮丧、烦躁不安、过度敏感和认知上的注意力不集中、记忆力下降、看书效率低、思维僵化，身体上会出现头痛、食欲下降、恶心、心慌、睡眠不好、常患感冒且不易治愈等。因此，家长要知道几种常见的效应，并据此给孩子提供疏导。

一是"瓦伦达效应"。瓦伦达是美国一个著名的高空走钢索的表演者，他在一次重大的表演中，不幸失足身亡。他的妻子事后说，我知道这一次一定要出事，因为他上场前总是不停地说，这次太重要了，不能失败。而以前每次表演时，他总想着走钢丝这件事本身，从不去管这件事可能带来的一切，往往取得成功。"瓦伦达效应"说明，我们过分关注事件的结果，往往会使心理压力增强，从而导致最后的失败。所以，面对考试要心态从容，将精力集中于努力的过程。天道酬勤，相信自己通过扎实而不懈的努力，必将取得胜利。

二是"齐加尼克效应"。法国心理学家齐加尼克曾做过一个实验：他将自愿受试者分为两组，让他们去完成20项工作。其间，齐加尼克对一组受试者进行干预，使他们无法继续工作，最终他们未能完成任务，而对另一组则让他们顺利完成全部工作。实验结果是所有受试者接受任务时都显现出紧张状态，但顺利完成任务者，紧张状态随之消失；未能完成任务者，紧张状态持续存在。"齐加尼克效应"说明，人们的思绪总会被那些未能完成的任务所困扰，任务未完成，心理上的压力就难以消失。所以，给考生布置学习任务时，应尽量细化，适可而止，"当日事当日毕"，每天都有收获更利于培养考生的自信及成就感，减轻考生的压力。

三是"罗森塔尔效应"。"罗森塔尔效应"又叫期待效应，它是期望者通过一种强烈的心理暗示，使被期望者的行为达到他的预期要求的一种心理共鸣现象。教师和家长在日常生活中要多给予考生称赞和好的心理暗示，例如，常对考生说"你越来越有自信了""我相信你一定能做好""我认为你一直在进步"，这有利于考生克服压力、增强信心，朝着期待的方向发展。

名家观点

宝剑锋从磨砺出，梅花香自苦寒来。

——《警世贤文》

教师支招

作为家长，不要总是无形中给孩子增加压力。不要特别关注孩子的考试，周末可以带他们去打打球，或者让他们和朋友玩，尽量不要让他们玩的时候还在想学习。

家长对孩子的考试要以平常心对待，不要给设置孩子过高的目标，也不要去吓唬孩子，说一些打击其自信心的话。

平时，家长可以让孩子养成良好的学习习惯，在课后帮助孩子进行一些系统性的归纳总结，让孩子产生自信心。

有些孩子可能平时学习成绩不错，就是考试没有拿到好成绩，这时候家长就要给孩子减轻压力。孩子的认知能力很强的话，只要他认为掌握了，就可以不去做相应的作业。

积极引导孩子。沉稳型的孩子和敏感型的孩子对自我的要求不一样，前者对自己特别放松，后者非常有自己的目标。面对这两种孩子，我们要用不同的方法引导。对于敏感型的孩子，必须积极引导，不能消极暗示，因为他们的内心比较脆弱，很容易受外界环境的影响。

亲 子 游 戏

游戏名称：压力气球

游戏目的：通过游戏缓解孩子的压力，锻炼孩子的抗压能力，引导孩子正确地看待压力，鼓励孩子勇敢地面对压力。

游戏过程：准备一些气球，父母和孩子一起吹气球，在气球上写上让自己有压力的事情。然后，父母和孩子比赛，在不用尖锐物品的情况下，谁可以率先把写有压力源的气球弄破就算胜出。

游戏要点：在吹气球的过程中，父母可以暗示孩子将气球吹得大一些，只有勇敢尝试才会知道原来气球可以吹得这么大。只有勇敢去尝试，才会知道原来自己的抗压能力是很强大的。在弄破气球的过程中，父母可以和孩子一起讨论用什么办法可以将气球弄破，在孩子弄破气球之后夸奖孩子的想法。

4 学业 最强大脑——如何进行高效率的背诵？

案例故事

　　午自习时，李老师照例在教室里批阅学生的日记，当看到永硕的日记时，目光停了下来。日记中这样写道："不知不觉，现在已经是六年级第二学期了，我们正在进行全面的语文复习，所有要求背诵的古诗、句子，我天天背啊背。可是刚背过的内容，第二天又忘得差不多了，我感觉我的脑子快要装不下了。昨晚上我还做了一个梦，梦见我变成了一个轮子。可是不同的是，我是一个方形的轮子，所以怎么也滚动不起来，只能推着走。我用上了所有力气却怎么也推不动，然后我就从梦中惊醒了。哎，我现在看着一摞摞的背诵材料，就觉得胸口发闷，喘不动气……"

　　老师回想了一下，确实最近几次的背诵检查中，永硕多次不合格，还以为是他偷懒没有下功夫，看来是另有原因。

老师把永硕叫到办公室，问他都是怎么背诵课文的，他说："就是一个字一个字地背，早晨背，中午背，晚上还背。可是我发现已经开始背混了。老师，是不是我的脑子出问题了？我看别的同学都背得可快了，我都快急死了！"老师告诉他，当然不是脑子的问题，而是方法出了问题。他说，可是他妈妈就是让他这么背的，还说他笨，脑子不好使。看来，老师需要跟他妈妈交流一下如何提高孩子的背诵效率了。

🎯 理论分析

当前，许多小学六年级学生临近毕业考试时，习惯的做法就是死记硬背，沉浸题海。其结果不但降低了复习效率，而且对于提高复习技能、完成中小学课程衔接并无益处。

为什么背书背不下来呢？根本原因在于对要背诵的东西毫无兴趣。人会对自己感兴趣的东西投注目光和热情。以此类推，与其强行说服自己死记硬背，还不如把要背的东西和感兴趣的东西联系起来，这样每个人都会记得又快又准。

另外，还有可能是背诵的方式不合理，或者只背不写。其实并不是大脑不好用，而可能孩子对背书这件事是排斥的，自然从潜意识里拒绝将书本上的内容记在心里，从而导致背了就忘。"好记性不如烂笔头"，这可以起到如虎添翼的作用。建议孩子以笔记的形式，先对需要背诵的东西进行分析，列出线索或者提取关键词，然后再进行背诵。所谓"磨刀不误砍柴工"，这样的效率更高。

最后，自信很重要。没什么比只要背下来就能考试成功更为简单的事情了。这是可预见的胜利。所谓的"拦路虎"只是一本书上的文字，如此而已。所以，清楚地认识"绊脚石"，将会让孩子信心大增。

名家观点

读书有三到，谓心到，眼到，口到。

——朱熹《训学斋规》

教师支招

第一，给孩子信心，不断地告诉他，一定可以记住。当然，我们的周围有天才，他们只要看上一遍，相关内容就好像被拍照一样印在了他们的大脑里。但是，99.9% 的人重复记忆却依然记不住。那不是因为缺乏能力，而是因为记忆本身是如此。如果读读写写 100 遍还没有记住，那就下定决心再读读写写 100 遍，带着这种劲头去挑战，没有什么是记不住的。

第二，和孩子一起背。考试期间，如果采用和孩子轮流提问背诵的方式学习的话，孩子成绩往往都会很出色。这样一来，一方面有了竞争，另一方面在出题的过程中思考怎样出题才能让对方答不出来，这个过程也有助于孩子的背诵。

第三，家长可以帮助孩子利用碎片时间进行背诵。背诵要利用空闲时间，而不是用自习时间来完成。自习时间是可以坐在书桌前打开书来学习的时间，这种时间不应该用来背诵，而应该摊开习题集、教科书和参考书，扩展自己的学习范围。要背什么东西，不必非要坐在书桌前，只要把要背的内容整理到小册子上，拿着小册子随时背就可以了。孩子可以边走边背，也可以在往返于学校和家之间的公共汽车上背，这样做一定会事半功倍。

第四，告诉孩子，不用看，要用手捂着课本想。有的孩子下定决心要记住，看了一遍又一遍，但效果不好。背的时候，可以让孩子先看一遍内容，然后用手捂住课本，试着让自己回想刚才看过的内容。虽然方法简单，但行之有效。所谓背诵，就是在不看的情况下回想。如果看着背，那不管重复多少遍，也不可能背下来。捂住课本回想，碰到想不起来的再看一遍，然后再捂住回想，不停地重复才是背诵。

第五，告诉孩子，背诵不是靠手，而是靠嘴。用手写，外表看上去好像是在努力学，但其实很多情况下大脑都是不运转的。把英语单词写了满满一页，但脑子里还在胡思乱想。只用手写，大脑可以"怠工"，但如果不停地嘟囔，大脑就很难停下来休息了。所以，背诵应该用嘴背。不管是编成只有自己才懂的文字，还是编成歌曲，甚至是直接照书背诵，只有这样无休止地动嘴，才能记得牢。

亲子游戏

游戏名称： 力量的独角兽

游戏目的： 通过游戏树立孩子的自信心，引导孩子积极、乐观，让孩子明白对任何困难只要勇敢去面对，一定可以克服它。

游戏过程： 在空旷的场地上画一个圆圈，父母和孩子只能用一条腿进行比赛。参赛成员通过互相碰撞的方式把对方撞出圆圈。在游戏过程中，如果坚持不住用单腿站立可以申请答题，答题成功以后可以前往"力量源"获取力量，每人仅有一次答题机会。

游戏要点： 在游戏过程中引导孩子坚持住不要放弃，在孩子从"力量源"返回后，引导孩子再次尝试。如果孩子率先出局，就要鼓励孩子再挑战，告诉孩子"你的努力很有成效"。父母要非常相信孩子，当孩子获胜时要积极鼓励孩子，帮助孩子建立自信心，并告诉孩子勇敢地面对困难，做出努力，"爸爸、妈妈都相信你"。

情感 1 花钱买不来真友谊——如何应对孩子的交友误区？

📖 案例故事

一天晚上，老师突然接到小天妈妈的电话："李老师，刚才我听孩子说，咱班有两个男生多次跟她要钱，不给还不行，已经好几百了，孩子在家委屈得抹眼泪。"老师听了心里"咯噔"一下，告诉小天妈妈："明天到了学校，我会认真处理这件事。"

第二天，老师先对小天及相关的几个孩子分别进行了单独的询问。结果让老师大吃一惊。原来，班里的同学如果给小天讲一道题，她就会给对方一元钱。问其原因，她说，是妈妈说，"别人帮助了你，你就要表达自己的感谢"。而她感谢别人的方式就是给钱，她觉得这样慷慨大方，就会有更多的朋友。后来有一天，小天的一本练习册不见了，她由于太胆怯，不敢去询问组长有没有见到丢失的练习册，于是又使用同样的方法——用一元钱让小翔帮她去问一问。小翔是个机灵的孩子，他讨价还价，竟然把一元变成了一百元。这件事被旁边的小哲看到了，来钱之容易让他很是眼馋，于是也嚷嚷着要去帮小天到老师办公室找书，代价也是一百元。就这样，二百元钱被别人占为己有。她身上当然没有这么多钱，于是放学回到家偷偷从妈妈的抽屉里拿了二百元。

尝到甜头的小翔多次跟她要钱，时间久了，她的心理压力越来越大，不给怕挨揍——其实小翔比她还矮半个头；给又不得不一次次去家里偷偷拿钱，心里十分愧疚与害怕。于是，天天闷闷不乐，终于在那天晚上哇哇大哭，发生了开头那一幕。

理论分析

升入高年级后，孩子们的交往问题越来越多，也越来越复杂。很多孩子的人际交往问题都是家庭教育出现问题而导致的。这些孩子不善于与人交往，缺乏交往技能，当意识到需要交友时，往往不知道该怎么做，故而付出惨痛的代价。

案例中出现了有很多不利于人际交往的因素，而且家长在早期并未加以引导，小天也没有意识到这些问题。因此，小天不懂得从自身找原因，反倒选择了以不可思议的方式来解决人际关系问题。一般来说，要解决这一类孩子的交往问题，家长就要积极与学校配合，在孩子身心发展没有定型之前，"挽救"还来得及。

💡 名家观点

在无利害观念之外，互相尊敬似乎是友谊的另一要点。

——莫罗阿

🖥 教师支招

要培养孩子正确的交友观，就要根据孩子的性格特点，进行必要的教育和疏导，让孩子学会与人交往，这样有助于孩子更好地适应新环境，有助于孩子豁达、大度地面对人生中的各种挑战。

第一，要鼓励孩子主动与别人交往。对于一些比较孤僻、不愿与人交往的孩子，可以先让他们同比自己年龄小或低年级的孩子交往，以显示他们的交往能力，提高他们的自信心。特别是应鼓励他们多与性格开朗的人在一起活动，使他们的情绪受到感染，让他们变得开朗起来。也可以从与亲戚的交往开始，逐渐扩大范围；从与一个同学交往，到与这个同学的朋友交往，逐渐扩大范围。在交往中，孩子将体会到快乐，也会更清晰地认识到自己的缺点并积极改正，继而逐步进入人际交往的良性循环中，慢慢做得越来越好。

第二，要让孩子懂得情义无价，人情不能用金钱来衡量。在这一点上，考虑到现在的孩子多半对老师、家长所谓的"思想工作"有抵触心理，建议家长不要说教，而是寻找适当的机会，鼓励孩子谈他的朋友，说说他和朋友交往过程中的一些开心和不开心的事情。在这过程中，引导孩子去分析，他的朋友中哪些是可以深交的真心好友、哪些是"酒肉"之谊，两者孰轻孰重。同时，鼓励孩子对适合深交的好朋友，加强友情的投入。这里的投入不是指金钱，而是情感上、行为上的真正付出。学会正确地付出，并得到相应的回报，孩子自然会看清人情消费的无谓。

第三，家长也要检讨自身的行为，注意言传身教。"人情往来"之所以盛行，并不是孩子自发的，很大程度上还是受了社会一些不良风气的影响。家长首先要身正，才能言而有效。而对于生活中一些正常的人情往来，也要对孩子强调其中"情"的内涵，淡化金钱在其中的作用。

第四，家长要注意培养孩子对金钱和消费的正确观念。看到很多孩子花钱如流水却不自知，家长一味溺爱，除了偶尔抱怨两句外，还是一样有求必应。这样一来，孩子自然看不到自己的错误。与其不让孩子花钱，不如教会孩子正确地花钱。

建议每周、每月的零用钱数额要固定，如果超出这个数额的消费，就要以借的形式给予，不但要还，还要有"利息"。要让孩子每天"记账"，自己的零用钱有多少，其中用于吃喝、买文具的有多少，用于人际消费的有多少。不仅仅是简单的数量记录，还要让孩子自己分析，自己的消费是否合理，各方面比例如何、值不值得，一些无谓的人际消费开支如果节省下来，可以做多少对自己更有利的投资……长此以往，正确的金钱和消费观念就会形成。也许还会出现，孩子教育家长怎么用钱更合理的有趣画面。

亲子游戏

游戏名称：扔掉卡片

游戏目的：通过游戏，使孩子学会对他人和自己进行多方位的评价，在交往中注意识别他人的特点。

游戏过程：该游戏分两个阶段。第一个阶段，准备适量的卡片。每个人在一张卡片上写出另外一个人的特点，这个特点可以是好的，也可以是不好的。第二个阶段，把卡片混合起来，随机抽取一张卡片。如果大家觉得好，就把它留下来；如果大家觉得不好，就要把它扔掉。看看最后，剩下来的是哪些卡片，被丢弃的又是哪些卡片。

游戏要点：在游戏中，家长一定要有耐心，不能因为把自己某些特点丢弃而指责大家，这样会让孩子不敢说真话。另外，关于每个人的特点要尽量多写，答案可以是五花八门的。游戏结束后，家长要和孩子一起讨论，在游戏中有什么样的感受，世界上并不存在没有任何缺点的人。

情 感
2　　**美丽的谎言——继母如何引导孩子接受自己？**

📖 **案例故事**

　　最近，方杰的学习情况让人大跌眼镜：英语听写，10 个单词错 8 个；语文课文背得一塌糊涂；数学作业不是写错了页，就是抄错了数……得，赶紧把情况给家长反馈一下，不知道这是出了什么状况。

　　晚上 8 点多，李老师忙完一天的工作，开始跟方杰妈妈用微信聊了起来。不知不觉 10 点了，手机没再响起。李老师估摸她也该休息了，正准备躺下，却听"滴答"一声，来了一条微信，打开一看，是方杰妈妈发来的一条超长版信息。李老师立刻感受到一丝不同寻常的气息，赶紧细细读了起来。"李老师，我都不知道该怎么跟你说……我现在脑子也十分混乱……其实我不是方杰的亲生妈妈……"看到这里，李老师脑子里"嗡"的一声。"我每天都看着他背单词、写生字，不管说什么，他都满口答应，可并不照着去做。他似乎对我是有所保留的。"

李老师这才知道了方杰的身世。说来这个孩子也是可怜，很小时父母离婚，他对生母是没有印象的，一直跟着奶奶生活，后来 3 岁时他爸爸再婚，有了一个弟弟。家里一直没把他的身世告诉他。继母对他也算用心，跟进学习，参与班级活动，花钱给孩子报兴趣班，说起来也是尽了妈妈应尽的责任。但是，四年级的暑假，孩子的生母突然找来，跟孩子说了一些话，从此孩子对继母半信半疑，变得生分起来，学习也一落千丈，父母怎么说也不管用。奶奶护着孙子，嫌继母管他学习太严，家里一时间鸡飞狗跳。现在六年级了，孩子有了自己的心思，跟继母的交流越来越少，母子二人心里似乎总有一个若有若无的结。

他闹情绪的真正原因是，他总不接受他的继母，准确来说是他一直不相信他的妈妈是生母，虽然家人一直瞒着他，但日益长大的他总是敏感的。他行为的两面性就源自这里。这该怎么办呢？

🎯 理论分析

随着社会的发展，离婚率持续居高不下，单亲或再婚家庭已是一个不小的群体了，不能不引起班主任的重视。

一般而言，单亲家庭或者再婚家庭中的孩子，心理状况相对复杂，他们敏感、多疑、孤独、无助，部分孩子较孤僻。特别是孩子已懂事后父母再离婚，曾享受过家庭之爱的孩子，在父母离婚后，心理更为复杂，他会因失去某一方家长的爱而异常地渴望这一方的爱，进而迁怒于与他生活的另一方家长或者离开他的那一方。孩子小小年纪就爱恨交加，进而对父母产生一些过激的行为，这是一种可以理解的行为。

调查显示，再婚家庭中 40.5% 的儿童情绪不稳定。再婚家庭的儿童因为有了继父或继母，内心难以接受或难以完全接受，会产生抵触情绪。

再婚家庭中 21.6% 的儿童有较严重的情绪烦恼，18.9% 的儿童精神紧张，有 56.8% 的儿童有较强的压抑心理，这些数据均高于其他家庭类型同类指标人数的百分比。这是因为再婚家庭儿童在新组建家庭中的地位、与继父或继母的交往、在家庭生活中的自由度以及在经济上的支配权，均与自己亲生父母生活在一起时有一定的差异，使其内心产生出忧虑、紧张、压抑、烦恼等不健康情绪。

名家观点

父母和子女，是彼此赠予的最佳礼物。

——维斯冠

教师支招

1. 一碗水端平

其实孩子是很聪明的，即便继母自始至终都是以孩子"亲妈"的角色存在，但从一些细节当中，孩子也能琢磨出自己跟弟弟的微妙差别："为什么照相的时候，妈妈总是搂着弟弟，而我总是跟爸爸站在一起？为什么妈妈的朋友圈里几乎都是爸爸、妈妈和弟弟，而我出镜很少？"这些细节日积月累时，孩子会在心中画出一个大大的问号。视如己出当然很难，要撒一辈子"美丽的谎言"也很难，但这也是让孩子跟自己亲近的办法。

2. 不要轻易拒绝孩子

如果孩子跟继母或继父提出了某些要求，继母或继父最好不要说出拒绝的话，因为他跟继母或继父提出需求，说明他希望和继母或继父保持比较良好的关系，至少继母或继父是可以商量的人。如果继母或继父一味地拒绝孩子，就会让孩子觉得继母或继父不想和他亲近，这也不利于亲子关系的养成。

3. 不要太过讨好孩子

有的孩子知道继母或继父想要和他搞好关系，就会变本加厉地"欺负"继母或继父，所以继母或继父一开始就不要把自己的姿态放得太低，不要一味地为了讨好孩子而忘记了自己的位置。

4. 转移孩子注意力，多方培养其兴趣爱好

引导孩子发现学校里的乐趣，与同学建立良好的同伴关系，好好学习，多交好朋友。同时，发展他的爱好和特长，转移他的注意力，当他专注在某一些事情上后，自然会放松对继母或继父的抗衡。父母和孩子之间也可以就此多一些话题，增进家庭的融洽氛围。总之，孩子只要过得愉快，这些问题很快就不是问题了。

亲 子 游 戏

游戏名称：共同前进

游戏目的：通过游戏，拉近亲子之间的距离，增强孩子的家庭归属感，培养家长与孩子之间的协作力。

游戏过程：事先准备一根绳子，设计好行动路线和障碍物。家长与孩子站立在一起，用绳子捆住，身体紧密地接触在一起。

然后大家共同朝某一方向移动一段距离，在前进中注意躲避障碍物，还可以尝试不同的站位方式。

　　游戏要点：每次成功地游戏时，大家要相互鼓励。家长要注意引导，讨论怎么行动才能更顺利及其原因，成功后要分享参与游戏的感受。

情 感
3　逆反心理之正向引导——父母如何对待孩子的青春期叛逆？

📖 案例故事

小辛以前在各方面表现都比较稳定，和同学相处也比较融洽，但升入六年级以后慢慢变得有些孤僻，逆反心理也比较严重，经常和父母、同学发生冲突，有很强的抵触情绪。每当老师批评他时，他会表现出一副不服气的样子，甚至还和老师顶嘴。他在课堂上故意讲话，做小动作，而且不承认错误，课后不及时完成作业。前段时间，他的成绩明显下滑。老师进行过家访，家长表示愿意与老师好好配合，但过后孩子在学校照样我行我素。

🎯 理论分析

由于六年级的孩子慢慢步入青春期，其独立意识和自我意识日益增强，迫切希望摆脱家长和老师的监护，反对成人把自己当成小孩子。同时，为了表现自己的与众不同，易对任何事情持批判的态度，主要体现在以下几个方面。

第一，独立性和依赖性的矛盾。青春期的少年在心理特点上最突出的表现是出现成人感，由此而增强了少年的独立意识。比如，他们渐渐地在生活上不愿受父母过多的照顾或干预，否则便产生厌烦的情绪；对一些事物有判断，不愿意听从父母的意见，并有强烈的表达自己意见的愿望；对一些传统的、权威的结论持异议，往往会提出过激的批评之词。但由于其社会经验、生活经验的不足，经常碰壁，又不得不从父母那寻找方法、途径或帮助，再加上经济上不能独立，父母的权威作用又强迫他去依赖父母。

第二，成人感与幼稚感的矛盾。青春期少年认为自己已经成熟，长成大人了，因而在一些行为活动、思维认识、社会交往等方面，表现出成人的样式。在心理上，渴望别人把他看作大人，尊重他、理解他。但由于年龄不足，社会经验和生活经验及知识的局限性，在思想和行为上往往盲目性较大，易做傻事、蠢事，带有明显的小孩子气、幼稚性。

第三，开放性与封闭性的矛盾。青春期的少年需要与同龄人、与父母平等交往，他们渴望他人和自己彼此敞开心灵来相待。但由于每个人的性格、想法不一，他们的这种渴求找不到释放的对象，只好诉说在日记里。由于有自尊心，他们不愿他人知道这些在日记中写下的心里话，于是就形成既想让他人了解又害怕被他人了解的矛盾心理。

第四，渴求感与压抑感的矛盾。青春期的少年由于性的发育和成熟，出现了与异性交往的渴求。他们喜欢接近异性，想了解性知识，喜欢在异性面前表现自己，甚至出现朦胧的爱情念头等。但由于学校、家长和社会舆论的约束、限制，青春期的少年在情感和性的认识上存在着既非常渴求又不好意思表现的压抑的矛盾状态。

这个时候，就容易形成"逆反心理"。"逆反心理"是主体在自我的心理需求与客观的心理环境相悖时产生的一种带有强烈对抗色彩的心理状态及倾向。它是孩子发育过程中一个必然伴有的现象，是青少年身体发育和"自我意识"萌芽的标志。随着知识的积累、见识的增长、同龄人的影响，青少年渴望自主和要求独立言行的欲望显著增强。一旦有人违背他们的意愿，不支持他们想法，他们便很容易产生抵触心理或反抗行为。正常的叛逆心理是要求自立、自主的一种表现，有点叛逆不是坏事，但过度了就不利于孩子的身心健康，容易导致固执、焦虑，产生对他人的怀疑、偏见与敌意，不利于人际关系的发展。长此以往，还会形成孤僻的性格。

学生的"逆反心理"是一种消极的抵抗心理，这种心理一旦产生，就会形成一种固定的思维模式，对教师的教育乃至所有的言行都持否定的态度，使教育达不到预期的效果，久而久之还可能导致矛盾激化。因此，家长一旦发现孩子对自己形成了"逆反心理"，应配合学校和老师及时采取措施，予以疏导。小辛的叛逆行为是进入青春期的一种表现。许多即将进入青春期的孩子对大人都有一种逆反心理。他们往往把家长和老师的批评、帮助理解为与自己过不去，认为伤害了自己，因而就会表现出严重的逆反倾向。分析其原因主要是家庭教育方式不当。小辛的父亲忙于工作，和孩子的交流很少，遇到问题就会斥责、谩骂孩子，在老师面前又要袒护孩子，忽视对孩子的思想教育，认为孩子还小，大了就会懂事的。在孩子的教育问题上，父母的方式常常不一致；另外，小辛处于特定年龄阶段使他看问题容易产生偏见，以为与老师、家长对着干是一种勇敢的行为，因而盲目反抗，拒绝一切批评。

名家观点

教师的职业是一门研究人的学问，要长期不断地深入人的复杂的精神世界。

——苏霍姆林斯基《给教师的建议》

教师支招

第一，家长应该多与孩子沟通，指导孩子进行自我调节，了解具体原因后，以平等的姿态，跟孩子进行谈心，知道孩子心里正在想些什么，知道孩子最担心的是什么。家长不要盛气凌人地训斥孩子，多表示一些理解，适当地给一些点拨，指导其阅读一些伟人成功事迹的书刊，开阔视野，不断激励自己，使其明白只有胸怀宽广、能接受他人意见的人才能成就伟大的事业。这样把小辛的注意力引到学习上，启发他走出心理误区。

第二，家长必须学习青少年心理学知识，掌握青少年心理发展的规律，顺应其心理和生理的成长规律，逐步改进自己的教育方式和态度，避免出现错误的教育方法。春风化雨，坚持疏导教育。对待小辛，家长要避免直接批评，不与他发生正面冲突，注意保护他的自尊心，采取以柔克刚的教育方式进行沟通。当他犯错误时，动之以情，晓之以理，耐心地帮助他分清是非，使他意识到自己的错误，并愿意主动地去改正，逐渐缓解紧张的家庭关系。

第三，因势利导，扬长避短。家长应充分肯定孩子的优点，使他把大部分心思转移到他感兴趣的事情上，并对他的进步及时表扬。想方设法创造条件，让他体验到成功的快乐，使他对学习、生活、自身逐渐积累信心。家长还要经常性地对孩子进行心理辅导，因为孩子的逆反心理不是一两次说服教育就可消除的，要在平时要多观察他的情绪变化，经常与他交流、沟通，深入了解他的内心世界。

亲 子 游 戏

游戏名称： 反抗的"士兵"

游戏目的： 通过游戏，让孩子宣泄自己的逆反情绪，同时让孩子明白独立和规则的重要性。

游戏过程： 游戏分为两个阶段。第一个阶段，角色扮演。家长做"军官"，孩子做"士兵"。家长给孩子下达一些口令，如立正、向后转、齐步走，"士兵"必须严格遵照"军官"的命令执行。第二阶段，"士兵"的"反抗"阶段。"军官"下达命令后，"士兵"必须做出相反的动作，否则就被视为不听命令，违反规则。首先由家长扮演军官，孩子扮演士兵。一段时间后，双方交换角色。

游戏要点： 游戏开始时，"士兵"要先正常执行口令，这其实是在巩固规则和习惯，也是与后面"士兵"做出相反行为做对比。为增加游戏的趣味性，在"士兵"的"反抗"阶段，规定出错最多的人要接受某种惩罚，出错少的"士兵"在下一轮游戏中扮演"军官"发号施令。

情感 4 都是好奇惹的祸——青春期的孩子"憧憬爱情"怎么办？

案例故事

小美今年 12 岁了，从小才貌双全，是家长的好女儿、老师的好学生、同学的好榜样。可是最近，孩子的妈妈却焦虑担忧起来，因为她发现，自己的女儿开始憧憬"爱情"。

"老师，小美好像在写爱情小说！"乍一听这位妈妈的"告密"，老师有些不相信，也没太在意这位妈妈的这种说法。不过一次中午，老师走进教室，发现小美在聚精会神地写着什么，低头一看，发现笔记本上端端正正地写着一篇文章，题目是"爱情小说"。老师和小美交流的时候，小美谎称那不是自己写的。但身边的同学都说她已经写了一段时间了，看来还真有这事。小美妈妈抱怨道："孩子现在真是管不了了，突然间心思就不放在学习上了。双休日爱串门，有时候躲在被窝里玩手机，还编各种瞎话。孩子是不是要毁了？"

后来，小美妈妈发现孩子用手机和一位男同学隔三岔五地用微信聊天，有时甚至聊到半夜，终于没有办法控制自己的情绪，和小美大吵了一架，摔了手机、撕了小说、掀了桌子，并怒吼起来："你到底想干什么？你才几岁就想些这样的乱七八糟的事？现在说谎都变成了你的习惯，而且和一个男生这样长时间地聊天你不嫌丢人吗？"小美痛哭流涕，夺门而去。小美虽然每天还是能正常地生活和学习，但是变得郁郁寡欢，不愿意和同学，尤其是男同学进行交流，回家后就把自己反锁在房间里，再也没有了欢声笑语。

🎯 理论分析

小美 12 岁，正值青春期初期阶段，出现了对异性的好奇是一种很正常的现象。瑞士著名儿童心理学家皮亚杰在"认知发展理论"中也有相应的理论分析。

皮亚杰认为，儿童大约在 7 到 15 岁时会发展出基本的抽象逻辑思维能力，逐步拥有成人的成熟思维。在形式运算阶段，只要想去做，儿童就能够像成人那样合乎逻辑地进行推理。但是，青少年的思维和成人的思维在情感方面还是有区别的。主要区别之一就是，青少年使用的是一种纯逻辑的标准，他们还不能充分理解这个世界的组织方式。他们总以为，最好的东西也就是最符合逻辑的。他们还没有把逻辑世界和"真实"世界区别开来。所以，也会错把内心的"好奇"当成"真正的爱情"。

至于说谎，皮亚杰在认知发展理论中，也有相应的描述。皮亚杰认为，儿童在 10 岁或 11 岁以后，在推理过程中，一般开始认识到"意向"在说谎中所起的作用，认识到谎言的构成。儿童把说谎看作一种故意说假话的行为。年幼的儿童一般都认为未受处罚的行为就必定不是说谎。大约在 9 岁之后，儿童才把说谎和处罚分离开来。

皮亚杰观察到，儿童关于说谎的概念一般是在 10 岁至 12 岁臻于成熟的。这时，儿童已经懂得把是否故意作为判别是否说谎的标准。年龄较大的儿童，也认识到，为了规避对自己有负面影响的事情出现，有时说谎是必要的。

青少年在青春期处在生理、心理巨变时期，被称为"第二次断乳"。他们一方面想摆脱父母的管束，要求独立；另一方面，要寻找同伴归属感，并努力赢得同伴认可。所以，12 岁时出现懵懂的早恋情绪是很正常的生理反应和心理需求。但由于个性发育的不成熟，学生在具体问题的处理上会存在认识上的偏差，导致出现行为上的偏差。譬如上面讲到的小美，就需要老师和家长进行正确引导和疏通。

名家观点

人生的跑道是固定的。大自然只给人一条路线，而这条路线也只能够跑一次。人生的各个阶段，都各自分配了适当特质：童年的软弱，青春期的鲁莽，中年的严肃，老人的阅历，都各结出自然的果实，须在它当令的时候予以储存。每个阶段都有值得人们享受爱好的事物。

——西塞罗

🖥 教师支招

首先，我们必须明确的是，处于青春期的少男少女，由于性生理的发育趋向成熟，性心理的发展也加快了步伐。他们产生了对异性探求和接近的强烈愿望，这是一种正常的现象，是青少年身心发展健康的表现。对于多数孩子来说，他们只是模糊地感受到一种爱与被爱的愿望，有一种躁动不安的心态。只有个别的孩子或因受到某种刺激，或因受到某种影响，或因自身意志薄弱，缺乏自我控制能力，把愿望付诸行动，从而出现了"早恋"现象。

必须指出，许多被家长和老师指责为"早恋"的少男少女，并非真正进行恋爱，不过是一种对成年男女恋爱的表面模仿。他们在心理和道德上的幼稚和不成熟，使他们不可能真正了解恋爱与结婚的社会意义和社会责任。许多被指责为"早恋"的少男少女，不过是男女同学之间存在爱慕与好感，进行比较密切的交往。

当家长发现孩子行动隐秘，表现异常，怀疑孩子交了异性朋友，甚至发展到"早恋"时，万万不可以火冒三丈、兴师问罪，企图以压力平息事件。家长要理解，感情上的事是很难禁止的，伤害孩子感情的教育是很难奏效的。教育的艺术在这里表现为理解孩子的心理，尊重孩子的感情，善于耐心疏导，善于耐心等待。不要因为发生这样的事，就把孩子骂得一无是处，要具体地分析孩子所处的客观环境，分析社会文化和大众传播媒介对其的影响，特别是了解孩子的真实想法。没有这些思想准备，家长是很难把孩子教育好的。

为了有效指导孩子摆脱困境，建议家长采取以下做法。

1. 爱之以诚，平等相待

爱之以诚，就是指父母在教育子女时，要奉献出全部的爱心，态度要和蔼、诚恳。平等相待，就是指父母要尊重子女的人格，与子女谈话时，要以平等的口吻，不要企图压服孩子。

实践证明，只要用亲近、关心、诚恳、尊重、理解、信任的态度对待孩子，而不是用鄙夷、歧视、讥讽、挖苦的态度对待孩子，他们一般是能够听从劝告的。训斥和惩罚只能引起他们的反感。有的家长采取禁止交往、扣查信件等方法，其效果往往适得其反，甚至可能酿成家庭悲剧。家长切不可以从一个极端走向另一个极端。

2. 动之以情，晓之以理

我们对"早恋"子女的教育，不能急于求成，不可能通过一两次谈心就能彻底解决。因为，真正步入"早恋"的学生，虽然下决定改正，可是在实际的生活中，有时还会出现反复，随时都会由于环境的影响、语言的影响、表情与动作的影响而旧情复发。因此，需要家长做长期的、耐心、细致的思想工作，并要学会观察和分析，及时掌握孩子的情绪变化。可以采取让他们逐渐淡化感情的方法，不再人为地扩大和发展彼此之间的感情，漠然处之，要像对待其他同学一样去对待自己爱慕的同学，在交往中落落大方。时间一长，这种感情就逐渐冷却，慢慢地淡漠下来。如果有的孩子控制不住自己的情感，陷入感情之中不能自拔，严重地影响了学习和身心健康，可以根据情况采取果断中止的办法。当然，具体做法要注意方式，特别是在不想接受对方的感情时，既要控制自己的感情，又不要打不开情面。要坦诚地告诉孩子，利用大好时光学好文化科学知识的迫切性、重要性，又要讲清对友谊寄予的无限期望，这样才不致失去同学的友谊。为了使孩子能够尽早从痛苦中解脱出来，还要抓住时机，及时地帮助孩子将感情转移和升华。转移他们的注意力，如专心致志地学习，参加各科课外小组活动、文体活动，从而发现和形成新的热点，以实现情感的转移和升华。感情还可以升华到对父母、老师、同学的爱，进而产生对人生、对生活的爱和追求，只有这样，才能走出朦胧的感情圈子，使他们跨入一个更广阔的新世界。

3. 温馨和谐，以身示范

温馨和谐，就是指每个孩子都应有一个温暖、和睦、幸福美满的家庭。以身示范，就是指父母的言行举止要给孩子做表率。

温馨和谐的家庭是给子女创造良好心理素质的首要条件。失去家庭温暖不利于孩子的健康成长。多数没有家庭温暖的孩子性格孤僻、内向，郁郁不乐，自卑感强，不善于交际。特别是当孩子进入青春期以后，他们往往由于失去父爱和母爱，而盲目地把爱寄托于异性朋友身上。而这些孩子往往感情脆弱，一旦步入爱河则难以自拔。从对"早恋"的学生调查来看，父母离异、家庭不和、教育不当造成子女"早恋""失足""堕落"的，占三分之一以上。这一事实说明，没有温暖、和谐的家庭，是造成孩子心理失衡、步入误区的重要原因。

孩子进入青春期，家长要十分重视检查自己的言行，举止端庄稳重，给孩子一个温暖和谐、幸福的家。

综上所述，教育"早恋"的子女要把握正确的教育途径和方法，切不可头痛医头、脚痛医脚。家长要了解和掌握孩子生理和心理发展的客观规律，把教育工作做在前头。要关心孩子的精神生活和心理需求，善于与孩子进行心理沟通，理解和尊重孩子，使自己成为孩子可以信赖的好家长，要通过许许多多耐心细致的道德教育和心理素质教育，使孩子的心理成熟和道德成熟走在生理成熟的前面，使他们为自己崇高的生活目标所激励。这是对孩子进行青春期教育，防止"早恋"发生的根本途径。

亲 子 游 戏

游戏名称：爸爸、妈妈相爱了

游戏目的：通过游戏，使孩子了解爸爸、妈妈之间的爱情是怎样产生的，告诉孩子什么是真正的爱情，让孩子树立正确的爱情观。

游戏过程：让孩子扮演爸爸或者妈妈这个角色，通过对话的形式，让孩子说一说，自己扮演的角色为什么会上爱爸爸/妈妈？

游戏要点：这个游戏需要家长及时、正确的引导。通过家长与扮演家长的孩子之间的对话，引导孩子发现爱情是怎么开始的，为什么能够开始，需要什么条件才可以开始。在孩子表达的过程中，家长要注意倾听，并对孩子的疑问做出回应。